Les Secrets de Toutânkhamon

Emma Carroll

Les Secrets de Toutânkhamon

Traduit de l'anglais
par Marie Leymarie

Gallimard Jeunesse

Titre original : *Secrets of a Sun King*

Édition originale publiée au Royaume-Uni en 2018 par
Faber & Faber Limited
Bloomsbury House
74-77 Great Russell Street
Londres WC1B 3DA

Pour Karl, un ami qui fait presque partie de la famille

PREMIÈRE PARTIE

Londres, novembre 1922

« Avec une excitation intense, j'ouvris les sceaux. »
Howard Carter, archéologue

I

Un mercredi matin gris et maussade, ma vie bascula dans l'absurde. J'aimerais pouvoir dire que je m'y attendais, comme ces gens qui sentent venir les orages ou les raz de marée, mais il n'en fut rien.

Nous prenions notre petit déjeuner, maman et moi, genoux à touche-touche sous la minuscule table de la cuisine, et nous terminions jusqu'aux dernières miettes du pain. Je savais que j'aurais à nouveau faim dans moins d'une heure : j'avais faim tout le temps. Je n'avais pas non plus envie d'aller au collège. En somme, c'était un matin d'une banalité navrante… quand soudain, mes yeux tombèrent sur le gros titre du journal :

DES PIEDS HUMAINS DÉCOUVERTS
DANS UNE MAISON DE BLOOMSBURY

– C'est vrai ? demandai-je, stupéfaite.

Maman feuilletait le journal à la recherche de la rubrique nécrologique et de l'horoscope, qu'elle lit toujours en premier.

– Quoi, minou ?

Je tendis le doigt vers l'article.

– Je peux voir ?

J'avais besoin d'en savoir plus, sinon cette abracadabrante histoire de pieds allait hanter mes pensées toute la journée.

Maman parcourut la première page d'un regard soucieux.

– Ton père n'aimerait pas que tu te farcisses la tête avec ce genre de choses, Lil, dit-elle après l'avoir lue.

Sans doute pas.

Mon père rêvait d'une fille calme, studieuse, toujours le nez dans ses cahiers – ce que j'étais la plupart du temps, mais je pouvais aussi me montrer exaltée, et je n'avais de goût ni pour les mondanités ni pour la coquetterie. Lorsque maman m'avait coupé les cheveux avec ses ciseaux de couture, papa n'avait rien dit. Mieux valait une fille à la coupe garçonne plutôt qu'une fille avec des tresses toujours à moitié défaites.

Maman n'avait pas l'air décidée à lâcher le journal.

– Oh, je t'en prie, laisse-moi lire ! Papa n'est pas là !

Il était parti tôt, comme tous les jours, faire du porte-à-porte pour vendre des tapis. Maman disait qu'il avait de la chance d'avoir du travail; depuis la guerre, les temps étaient durs pour tout le monde. Elle-même travaillait à Uniprix, et il aurait fallu plus que du rouge à lèvres pour masquer sa perpétuelle fatigue. Mais nous avions un toit au-dessus de nos têtes – un toit mansardé certes, car notre appartement se trouvait au dernier étage, mais cela présentait l'avantage d'être plus intime. Évidemment, il fallait se fader quatre étages pour descendre dans la cour, et prier pour ne pas oublier le papier toilette et ne pas se faire mordre par les rats.

– Imagine la vie dans les tranchées, me disait souvent Bobby Fitzpatrick, qui logeait au rez-de-chaussée. Les rats français étaient plus gros que des porcelets.

Mon père, lui, n'évoquait jamais la guerre. Mais quatre ans plus tard, on sentait partout sa présence, comme une épaisse couche de poussière. On voyait d'anciens soldats mendier dans les rues, devenus inaptes au travail parce que aveugles, grands brûlés, manchots ou unijambistes. Et encore, c'était là des blessures visibles. J'avais surpris assez de messes basses pour savoir que la guerre avait fait des ravages sur la personnalité des gens. C'était heureux que papa n'ait gardé d'autres séquelles que des mains qui tremblent. À l'extérieur du moins, il était intact.

Tout en avalant ma dernière bouchée, j'essuyai mes mains sur ma jupe de collégienne, puis insistai pour avoir le journal. Je voulais absolument lire cette histoire de pieds.

Maman me le tendit.

– Vite, ou tu vas être en retard.

Lire ne me prit pas longtemps. Comme je le soupçonnais, c'était l'histoire la plus étrange que j'eusse jamais lue.

La police, racontait l'article, avait été envoyée à une adresse au centre de Londres, où elle avait trouvé les pieds d'un homme sur son tapis. Le reste de sa personne avait tout bonnement disparu. Son manteau et son chapeau étaient rangés à leur place habituelle dans l'entrée. La police mentionnait son nom : il s'agissait du professeur Selim Hanawati, un chercheur spécialisé dans les arts du Moyen-Orient.

– Où est le professeur Hanawati, maintenant ? demandai-je à maman. J'imagine qu'il n'a pas pu aller bien loin sans ses pieds...

Elle me regarda en plissant les yeux.

– Le pauvre homme a brûlé tout entier, Lilian. Il ne reste rien de lui, à part ce qu'ils ont retrouvé. On appelle ça une combustion humaine spontanée... ou quelque chose comme ça.

Cela me paraissait absurde. Un corps humain ne peut pas s'enflammer tout seul !

Maman me reprit gentiment le journal.

– Tu t'es fait peur, maintenant, je suppose ?

– Non.

Mais ma curiosité était piquée. Maman s'en aperçut – comme toujours – et s'empressa de détourner mon attention.

– Regarde, Lil ! Howard Carter, l'archéologue, est retourné en Égypte pour trouver le tombeau de Toutânkhamon. Une dernière tentative, apparemment. Cela ne manquera pas d'intéresser grand-papa, tu ne crois pas ?

J'en doutais. Grand-papa ne tenait pas M. Carter en très haute estime. Je l'entendais déjà s'exclamer : « Cet assoiffé de gloire ? Sans l'argent de Lord Carnarvon, il n'aurait même pas pu se payer son billet de train pour Londres ! »

– Peut-être parce que ça concerne l'Égypte…, concédai-je.

Car c'était peu dire que grand-papa était passionné par l'Égypte. Il y avait séjourné, des années plus tôt, et son amour pour le pays ne s'était jamais démenti. Il avait même appelé sa chatte Néfertiti en hommage à la reine. Sa fascination avait fini par déteindre sur moi, même si je n'avais guère plus de chances d'aller là-bas que de voir un cochon voler.

Quant à l'histoire des pieds, je ne pus la chasser de mes pensées. Elle m'accompagna toute la journée, en latin, en français, pendant les trois longues heures d'arithmétique et la leçon de choses[1] qui tomba, par une étrange coïncidence, sur les liquides inflammables. À la vérité, la journée me parut sans fin. Je détestais l'école – enfin, pour être précise, le cours supérieur pour filles St Kilda. Tout y était très « comme il faut » et snob au possible. Mes parents avaient crié au miracle lorsque l'offre de bourse était arrivée à la maison. « Une telle opportunité, Lilian ! », « Pour toi, c'est la promesse d'une vie meilleure ! » En réalité, ma vie était bien plus simple quand j'allais à la même école que les autres enfants de ma rue.

Lorsque j'arrivai à la maison ce soir-là, je trouvai les lumières éteintes et le poêle froid. C'était étrange, car d'ordinaire papa rentrait avant moi. Un message de maman m'attendait sur la table, posé contre la salière. Ce n'était pas l'habitude de notre famille de communiquer par petits mots, de sorte que je sus aussitôt qu'il se passait quelque chose d'anormal. Et la crampe qui me saisit à l'estomac me parut de mauvais augure.

Mes yeux ne perçurent d'abord que les mots « hôpital » et « grand-papa », ce qui m'alarma au plus haut point. Seules les personnes gravement malades allaient à l'hôpital. Les soins y étaient chers,

1. Nom des cours de sciences de l'époque *(N.d.T.)*.

et grand-papa disait que beaucoup de gens qui y entraient n'en ressortaient jamais.

Pressentant que Néfertiti serait elle aussi inquiète, je pris le double de la clé de grand-papa à son crochet. Hors de question que je reste ici, seule, à imaginer le pire – j'allais au moins nourrir sa chatte adorée.

Grand-papa vivait à quelques rues de chez nous, au-dessus de sa boutique qui, à en croire sa vieille enseigne défraîchie, vendait des « objets rares et antiquités », bien que je ne l'eusse jamais vu vendre quoi que ce soit. À l'intérieur, c'était une véritable caverne d'Ali Baba : des cartes, des vases, des boîtes scellées et des tapis persans piquetés de moisissures appuyés contre les murs. Il avait accumulé ces trésors au fil de ses voyages. Maman prétendait que ce bric-à-brac n'avait aucune valeur et qu'un bon coup de chiffon y serait nécessaire.

Jamais je n'avais fait le trajet aussi vite. Le soir tombait, les réverbères étaient déjà allumés et la pluie qui m'avait cueillie à la sortie du collège s'était transformée en neige fondue. Il faisait inhabituellement froid pour un mois de novembre.

La boutique de grand-papa était fermée et plongée dans l'obscurité. Son appartement disposait d'une entrée distincte de celle du magasin, à l'arrière. Il fallait pousser un portail et remonter une allée. Alors que je soulevais le loquet, quelque chose frôla mes jambes. Je sursautai.

– Ah, c'est toi !

Néfertiti bondit devant moi pour m'attendre sur les marches du perron. L'obscurité n'était pas totale, peu s'en faut : les rues alentour étaient bien éclairées. Pourtant, un frisson me parcourut. J'éprouvais soudain une étrange réticence à avancer, et plus encore à l'idée d'entrer dans l'appartement.

« Ne fais pas l'enfant », me fustigeai-je. J'étais venue quelques jours plus tôt pour le goûter, comme tous les samedis. Déjà, je m'étais sentie curieusement mal à l'aise, alors que c'était le moment de la semaine que je préférais.

Nous buvions ce que grand-papa appelait du *tchaï* – un thé sombre et très sucré, servi dans de petits verres, à la mode égyptienne. C'était une habitude qu'il avait rapportée de ses voyages. Néfertiti s'était couchée en travers de ses épaules, l'enveloppant comme une étole de fourrure. Je ne l'avais jamais vue s'installer sur les épaules de qui que ce soit d'autre.

– Vois-tu, Lily, m'avait annoncé grand-papa (il était le seul à ne pas m'appeler, simplement, Lil), j'ai réfléchi : je voudrais mettre de l'ordre dans mes affaires et j'aurais besoin de ton aide.

Grand-papa sautait souvent du coq à l'âne, et je

ne l'en admirais que davantage. Il n'avait pas fait d'études, son savoir ne venait pas des livres, mais de la vie même, à force d'arpenter le monde et de s'y frotter. Il avait le chic pour vous prendre de court ; vous ne saviez jamais ce qu'il allait inventer.

Ce samedi-là, cependant, il était secoué de quintes de toux, au point que cela m'inquiéta.

– Quelles affaires ? avais-je demandé, même si, à son expression, j'avais compris qu'il ne s'agissait pas de ménage – il voulait écrire son testament, et cela m'effrayait. Tu n'es pas malade, si ?

– Malade ? Nan, j'suis aussi coriace qu'une vieille carne, moi !

Il avait cependant vite repris son sérieux.

– C'est un vieil ami à moi qui est souffrant. Il m'a écrit cette semaine, alors que je n'avais plus eu de ses nouvelles depuis de longues années. Il semble se tourmenter pour un différend que nous aurions eu, il y a longtemps. Nous aurions fait une erreur, vois-tu, et il voudrait que je l'aide à la réparer.

– Comme une sorte de dernière volonté ? avais-je demandé, car tout cela me paraissait très mystérieux.

– J'espère bien que non ! s'était exclamé grand-papa en me jetant un regard noir. Il m'a envoyé un texte, mais il écrit trop petit et je n'arrive pas à mettre la main sur ces maudites lunettes.

Cela n'avait rien de surprenant, étant donné

le désordre dans lequel il vivait. Mais il était déjà cinq heures, l'heure pour moi de rentrer à la maison. Je lui avais promis de repasser dans la semaine pour l'aider à lire.

– Fais-moi la gentillesse de ne pas en toucher un mot à ta mère, avait ajouté grand-papa. Tu sais qu'elle a tendance à…

– Dramatiser ?

Nous connaissions bien le caractère de ma maman, l'un et l'autre. Je m'étais sentie flattée qu'il me confie un secret, alors qu'à la maison on ne me confiait rien de plus important que la vaisselle du dîner ou les lits à faire. C'était bien plus excitant.

– Je serai muette comme une carpe !

– Pas un mot non plus à ton père, avait ajouté grand-papa.

J'avais acquiescé, même si, de toute façon, je ne parlais jamais de lui à papa – tous deux n'avaient pas échangé une parole depuis des années. Leur brouille faisait partie de ce folklore familial que vous acceptiez sans broncher, et sans jamais poser de questions.

Grand-papa se tapota l'aile du nez.

– Tu es une brave fille, Lily. *La graine ne révèle rien de l'arbre qu'elle recèle.* C'est un vieux proverbe égyptien, il est bon de s'en souvenir.

Voilà quelles étaient mes pensées tandis que je me

tenais sur le seuil de la maison de grand-papa, et que je tentais de me raisonner. Rien n'avait changé depuis le samedi précédent, me dis-je, hormis le fait que grand-papa n'était pas là. Et pourtant, cette étrange sensation ne disparaissait pas. Et je n'étais pas la seule à y être sensible, la chatte l'éprouvait aussi. D'un bond habile, elle grimpa sur le muret du voisin, les poils hérissés.

– Que se passe-t-il, miss Grognon ? lui demandai-je.

Elle émit une sorte de miaulement – sa façon à elle de s'exprimer, d'après grand-papa. Je ne pus réussir à la faire descendre, même en l'amadouant avec un morceau de chocolat trouvé dans la poche de mon paletot. Moi qui étais venue pour lui donner à manger, c'était mal parti si elle n'acceptait même pas de m'approcher…

Plus bizarre encore : la clé dans la serrure. J'eus beau la tourner dans tous les sens, la porte refusait obstinément de s'ouvrir. J'allais renoncer, déconfite, lorsque j'aperçus un paquet posé sur les marches, derrière les bouteilles de lait vides. Je le ramassai. De la taille d'une boîte à chaussures, il était assez lourd et enveloppé d'un papier marron qui avait gondolé sous l'effet de l'humidité. Je lus le nom de mon grand-père, *M. Ezra Wilkinson*. Ezra, un prénom un peu bizarre, désuet, qui était fréquemment donné dans notre famille, d'après maman. Mon deuxième prénom, Ella, était la forme féminine qui s'en rapprochait le plus.

Retournant le paquet pour en découvrir l'expéditeur, j'eus la surprise de ma vie.

Professeur Selim Hanawati.

C'était l'homme qui était mort en ne laissant que ses pieds ! Mais apparemment, il avait aussi laissé un paquet pour grand-papa.

2

Je rentrai chez moi en serrant le paquet contre ma poitrine. J'espérais qu'au milieu de la lumière des réverbères, de la circulation de la rue, des allées et venues des passants, ma sensation de malaise se dissiperait, mais il n'en fut rien. J'étais sous le choc. Mon cerveau, qui n'était déjà pas très doué pour le calme, sautait d'une idée à l'autre.

Dans sa jeunesse, mon grand-père avait sillonné l'Égypte, la Turquie et la Palestine, en quête de copies de reliques antiques dont il faisait le commerce. Le professeur Hanawati était un spécialiste des arts du Moyen-Orient. Fallait-il en conclure que ce professeur – cet homme mort – était le vieil ami dont grand-papa m'avait parlé, et qui avait repris contact avec lui après des années de silence ? J'étais certaine qu'il ne m'avait jamais parlé de lui. Ni n'avait jamais évoqué une erreur qu'il eût pu commettre dans le passé.

Je ne voulais pas prêter aux coïncidences une importance excessive. Mais c'était difficile alors que, en l'espace de vingt-quatre heures, le professeur était mort dans des circonstances aussi particulières, et que grand-papa était maintenant malade.

Lorsque j'arrivai à la maison, maman n'était toujours pas revenue de sa visite à l'hôpital. Papa, dans la cuisine, se battait avec le poêle qui refusait de s'allumer, aussi ne m'entendit-il pas rentrer. Je gagnai directement ma chambre, située en bout de couloir. Elle était à peine plus grande qu'un placard, mais elle n'était qu'à moi et avait une porte – ce qui se révélait précieux dans un moment comme celui-ci. Je m'assis sur mon lit sans même ôter mon paletot et examinai le paquet avec la plus grande attention. C'est à grand-papa qu'il était destiné, pas à moi, me répétais-je, mais la tentation était trop forte.

Je l'ouvris.

Arrachant le papier, je trouvai une boîte en bois brut. Elle mesurait quinze centimètres de large et huit de haut, et ressemblait à celles que papa rapportait à Noël, qui contenaient une bouteille de porto. Elle disposait d'un couvercle, dont le fermoir et les charnières étaient rouillés, comme s'il n'avait pas été ouvert depuis des années. Mais il céda facilement – presque trop, comme s'il m'invitait à regarder à l'intérieur.

La boîte était remplie de brins de paille à l'odeur poussiéreuse. Y plongeant la main, je touchai une matière froide et lisse. A priori, il s'agissait d'un flacon en métal ou d'un vase. Je le sortis pour mieux le voir, et j'en eus le souffle coupé. Jamais je n'avais vu quelque chose d'aussi incroyable.

Le vase était muni d'un bouchon en forme de tête d'animal, avec un long museau pointu et les oreilles d'Anubis, le dieu égyptien qui guidait les âmes aux Enfers. Je le reconnus grâce aux reproductions que grand-papa m'avait montrées – en outre, il m'avait souvent emmenée au musée. Impossible cependant de l'ouvrir. Je tentai de le tirer, de le tourner, je le secouai même tête en bas, mais rien n'y fit. Il ne semblait pas conçu pour s'ouvrir : il n'était muni ni de fermoir ni de clapet, et pourtant le vase me paraissait creux. Je pouvais me tromper, naturellement, mais lorsque je le secouais, j'entendais un léger bruit à l'intérieur.

J'avais passé assez d'heures dans la boutique de grand-papa pour savoir reconnaître une belle pièce, mais ce vase me semblait vraiment très ancien, et les objets de grand-papa l'étaient rarement. C'étaient des faux – des copies d'antiquités vendues à bas prix, qui s'achetaient dans la rue en Égypte.

Ce vase était d'une autre facture. Il était orné de gravures d'animaux, d'oiseaux et de traits ondulés dans lesquels je reconnus des hiéroglyphes. Et bien qu'il fût gris de poussière, on voyait bien qu'il était en or. Sa beauté était presque intimidante. Nulle part je n'avais vu de pièces aussi exceptionnelles, hormis dans les vitrines du British Museum. Je n'en revenais pas que grand-papa ait reçu un objet d'une telle valeur.

Les questions se bousculaient dans ma tête. Mais grand-papa n'était pas là pour y répondre et je me sentais affreusement frustrée. La seule solution était de lui rendre visite à l'hôpital. Pas pour lui offrir des fleurs ou du raisin, enfin ce genre de choses que les gens apportent à leurs proches, mais pour lui donner le paquet. Il saurait quoi en faire et quoi en penser. En espérant qu'il n'était pas trop gravement malade et que je sois autorisée à le voir…

La porte d'entrée claqua. Des vêtements mouillés furent suspendus, un parapluie glissé dans le porte-parapluie, signes certains que maman était rentrée. Mon cœur se mit à battre douloureusement en l'entendant parler à voix basse. Puis elle m'appela :

– Lil ? Tu es là ?

– J'arrive !

Replaçant le vase dans sa boîte, je le glissai sous mes draps et, malgré mes craintes, allai prendre les nouvelles de l'hôpital.

Elles n'étaient pas bonnes : grand-papa était atteint de phtisie. Il souffrait aussi de fièvre et d'autres symptômes étranges que les docteurs attribuaient à la malaria.

– La malaria ?

Je ne comprenais pas. Comment pouvait-on attraper cette maladie dans le nord de Londres ?

– Il l'a attrapée il y a des années lors de ses voyages. Une rechute, a dit le docteur… et vu l'état de ses poumons…

Maman se mit à pleurer sans bruit.

Je détestais tellement la voir dans cet état que je sentis les larmes monter. D'habitude, c'était pour des choses bien moins graves, et un sourire ou une petite tape sur le bras suffisait à l'apaiser. Mais là, c'était une autre affaire et je décidai de lui préparer un thé. Je glissai dans sa tasse un sucre supplémentaire, ce qui permettait d'ordinaire de lui remonter le moral quand le découragement l'envahissait.

– Où va-t-il trouver l'argent pour l'hôpital ? soupira-t-elle, sa tasse à la main.

Papa fixait le feu d'un air sombre.

– Nous avons déjà du mal à payer nos factures, chérie. Ne me demande pas d'aider ton père maintenant.

Légèrement ragaillardie, maman reporta ses inquiétudes sur moi.

– Tu ne peux pas lui rendre visite, Lil, je te préviens, il est contagieux.

Et papa d'ajouter :

– Elle sera au collège, elle n'a aucune raison de traîner ses guêtres dans les couloirs de l'hôpital.

Je hochai la tête et essayai de prendre un air raisonnable, bien que ma décision fût déjà prise : j'irais lui rendre visite dès le lendemain matin, et personne ne m'en empêcherait. Je ne touchai mot de l'étrange paquet. Maman avait assez de souci à se faire et papa, très à cheval sur les bienséances, m'obligerait à l'apporter à la police.

Je ne pus fermer l'œil de la nuit. L'état de grand-papa me tracassait, naturellement, mais jamais je n'aurais imaginé que le vase produirait un tel effet sur moi. J'avais laissé la boîte sur ma chaise, mais dès que je commençais à somnoler, mes yeux se rouvraient et je me retrouvais en train de le fixer. Je finis par rallumer la lumière. Puis mon cerveau se mit à me jouer des tours : le paquet avait-il bougé ? D'où venait ce froissement ? Le papier d'emballage pouvait-il se défaire tout seul ?

C'était idiot, je sais. Mais je ne me sentis mieux qu'une fois le paquet glissé sous mon lit, hors de ma vue. Ma chambre retrouva son aspect familier : la chaise encombrée de vêtements, le tapis usé qui recouvrait le plancher, les fins rideaux de la fenêtre qui laissait toujours passer un souffle de vent.

– Nous pourrions la rendre un peu plus agréable, qu'en penses-tu ? m'avait demandé maman lorsque nous avions emménagé. De la dentelle, des fleurs séchées ?

J'avais grimacé et elle avait soupiré.

– Oh, Lil ! Tu as des goûts si simples, si pragmatiques ! J'ai parfois l'impression que tu aurais préféré être un garçon !

Elle n'avait pas tort. Mais à peine cette phrase avait-elle passé ses lèvres qu'elle s'excusa et m'embrassa sur les cheveux.

La seule décoration qui ornait mon mur était une carte postale que grand-papa m'avait achetée lors de notre dernière visite au British Museum. C'était une photo de la pierre de Rosette, ce morceau de stèle grise couvert d'écritures, qui avait permis au monde entier de déchiffrer les hiéroglyphes.

J'éteignis ma lampe de chevet, espérant trouver enfin le sommeil. Mais l'obscurité était soudain remplie de symboles anciens. J'avais beau essayer de changer le cours de mes pensées, je revenais sans cesse à l'Égypte sauf que, cette fois, c'était l'autre nouvelle de la journée qui focalisait mon attention : Howard Carter et la tombe de Toutânkhamon.

Si grand-papa pensait le plus grand mal de Howard

Carter, les gens étaient fascinés par ses fouilles. Un explorateur courageux qui partait à la recherche de trésors inconnus – cela frappait l'imagination comme l'un de ces romans d'aventures démodés que papa lisait enfant. Je les avais dévorés, moi aussi, quand mon manuel de latin me tombait des mains.

Pendant des années, les archéologues avaient creusé ce lieu qu'on appelait la Vallée des Rois. Ils avaient mis au jour toute une série de tombes royales – celles de Toutmôsis et de Ramsès II étant les plus connues –, mais personne n'avait encore découvert celle du pharaon Toutânkhamon. Ils y avaient tous renoncé, sauf un : Howard Carter. Obsédé par ce tombeau introuvable, Carter était retourné en Égypte pour une ultime tentative.

D'après papa, si cette histoire rencontrait un tel écho auprès du public, c'est que Toutânkhamon était mort jeune, tout comme nos soldats, dont les tombes étaient elles aussi perdues. Mais je pense que c'était essentiellement à cause du trésor. On savait que les Égyptiens enterraient leurs rois au milieu d'une profusion d'or. Et puis, c'était une nouvelle porteuse d'espoir, contrairement à la sinistre découverte des pieds humains.

Mais pour moi, la pire nouvelle de la journée restait la maladie de grand-papa. L'état déplorable de ses poumons, je m'y étais préparée, mais la malaria ?

Je ne savais même pas qu'on pouvait rechuter après l'avoir déjà attrapée. C'était étrange de voir qu'un événement survenu de longues années auparavant pouvait soudain ressurgir et perturber le présent.

3

– Vous ne pouvez pas entrer, les malades se reposent, me dit l'infirmière à l'hôpital Brompton, le lendemain matin. Les visites ne sont autorisées qu'à partir de quatorze heures.

Je consultai ma montre : il me restait quatre heures à tuer. Il m'avait déjà fallu une bonne dose d'audace pour me rendre à l'hôpital alors que j'aurais dû être en classe à St Kilda, en train de bûcher sur une composition d'orthographe. Papa m'avait souhaité bonne chance en partant travailler, alors je n'étais guère pressée de me retrouver face à lui ce soir, obligée de mentir quand il me demanderait comment cela s'était passé.

– Je dois parler à M. Ezra Wilkinson, insistai-je. C'est mon grand-père.

L'infirmière croisa les bras.

– Et il ne vous a pas appris les bonnes manières ?

Les gens qui m'entouraient n'étaient pas les rois du savoir-vivre, c'était fort juste. Je tentai malgré tout d'insister :

– Je vous en prie, c'est très urgent !

– Urgent au point de ne pas pouvoir attendre cet après-midi ?

En vérité, je ne tenais pas à revenir à l'hôpital. Il y régnait une odeur épouvantable, mélange de phénol et de légumes rancis, qui donnait envie de vomir – un comble pour un endroit censé aider les gens à guérir !

– Je vous en prie, suppliai-je. Je ferai au plus vite !

Par-dessus son épaule, j'apercevais des rangées de lits blancs comme neige ; savoir grand-papa dans l'un d'entre eux, à quelques mètres à peine, était rageant. Je fus un instant tentée de forcer le passage.

Puis je vis le regard de l'infirmière tomber sur ma blouse – d'un rouge criard – qui dépassait des manches de mon paletot. Elle avisa ensuite mon chapeau en feutre et ma sacoche, qui arboraient tous deux l'écusson du collège.

– Vous ne devriez pas être à l'école ? demanda-t-elle. Et si je leur passais un coup de téléphone ?

– Inutile, je m'en vais, marmonnai-je, avant de dévaler les escaliers.

Une fois dehors, je me donnai une claque. J'aurais dû savoir qu'il y avait des heures de visite à l'hôpital d'une part, et d'autre part que rater l'école était risqué : il se trouvait toujours quelqu'un pour moucharder. Dans les romans, les héros ont toute une bande de copains pour les aider. Mais braver les règles seul était une autre affaire.

La plupart de mes anciens amis étaient des garçons : Neddy, Joe, Brian et Bobby Fitzpatrick. Quand nous n'étions pas à l'école, nous jouions dans la rue à l'épervier ou au cricket avec une pomme.

Puis j'obtins cette bourse pour St Kilda.

– Vous sentez l'odeur des neurones ? demanda Bobby aux autres, le jour de la rentrée, alors qu'ils avaient descendu la rue pour rejoindre leur nouveau collège, et que j'avais dû la remonter.

Par la suite, ils ne m'avaient plus jamais adressé la parole.

Se lier avec les filles de St Kildra était plus difficile encore. Certains jours, lorsque personne ne me voyait, je me laissais aller à broyer du noir. Je me le reprochais ensuite, car rien ne justifiait une telle tristesse : je n'avais ni père ni frère mort à la guerre.

Au bout d'un moment, je pris conscience que je m'étais perdue. Je me trouvais dans un quartier de Londres où je n'avais jamais mis les pieds. La rue était très animée, remplie de gens faisant leurs courses et de nourrices poussant des landaus. Zigzaguant au milieu de la circulation, un petit vendeur de journaux s'égosillait en annonçant les gros titres du jour : le roi George, M. Bonar Law, notre nouveau Premier Ministre, l'indépendance de l'Irlande et – je dressai l'oreille – l'Égypte.

– « Howard Carter à deux doigts de découvrir le tombeau de l'enfant roi ! Les spécialistes convaincus que sa tombe contient des monceaux d'or ! »

Je serrai ma sacoche contre ma hanche. À l'intérieur, dans une boîte, se trouvait un vase en or aux effets si puissants que, la nuit précédente, j'avais dû le cacher. Même en plein jour, le malaise que j'éprouvais ne se dissipait pas entièrement. C'était d'autant plus irritant que je ne savais à peu près rien sur cet objet extraordinaire.

Assez ruminé.

Il restait encore plusieurs heures avant le début des visites et je me trouvais à l'opposé du collège. Puisque j'avais du temps à tuer, je décidai de mener ma propre enquête.

Le ticket de bus pour rejoindre le British Museum me coûta mes derniers sous. Une fois arrivée, je gagnai directement les étages. Les collections égyptiennes n'étaient pas exposées dans une grande salle, mais dans une série de petites pièces en enfilade. Selon moi, c'était la partie la plus intéressante du musée. J'adorais les vitrines en bois ancien et sombre, et la façon dont le parquet s'enfonçait en grinçant lorsqu'on posait le pied dessus. Les stores, toujours fermés, plongeaient les pièces dans une pénombre perpétuelle. On y trouvait des vases, des statues appelées chabtis qui veillaient sur les corps des morts, des épées, des perles et même des animaux momifiés. Où que l'on tourne la tête, on apercevait des objets fascinants dont l'éclat accrochait le regard – comme dans la boutique de grand-papa, mais plus anciens et plus beaux.

Le département de l'Égypte ancienne était en général très calme. Je ne m'attendais pas à y trouver du monde, et encore moins deux enfants assis par terre en tailleur, à l'entrée de la première salle.

Je tombai en arrêt.

– Oh !

La fille, qui dessinait, leva les yeux de son carnet de croquis. À côté d'elle se trouvait un garçon, lui aussi occupé à dessiner, qui continua jusqu'à ce qu'elle lui donne un coup de coude.

– Hé ! s'écria-t-il, tandis que son crayon faisait un brusque écart.

– Tu m'avais dit que personne ne venait ici, se plaignit la fille.

Je pensais la même chose, embarrassée et quelque peu dépitée, lorsque je remarquai la blouse de la fille

– du même rouge que la mienne, ornée du même écusson jaune. Elle ne la cachait pas sous un manteau, comme moi, mais la portait au vu et au su de tous.

– Tu vas à St Kilda ? demandai-je.

C'était un peu abrupt, comme entrée en matière, mais ce n'était pas volontaire. Ma prise de bec avec l'infirmière m'avait rendue un peu irritable.

La fille tira sur sa blouse.

– Je ne porterais pas ça si j'avais le choix. Sans parler de ce monstrueux chapeau !

Elle avisa alors le mien, que je portais toujours. Je l'arrachai d'un geste brusque ; comme je le détestais ! La fille trouva drôle ma réaction et se mit à rire. Je n'étais pas certaine d'être invitée à partager son hilarité, mais son sourire bancal était irrésistible.

– Toi aussi, tu détestes St Kilda ? s'enquit-elle.

– Les élèves sont d'affreuses snobs, admis-je.

La fille grimaça.

– Tu penses peut-être à Millicent Thorpe et sa clique ?

Je hochai la tête. C'était les plus prétentieuses de toutes.

Je n'avais jamais remarqué cette fille à St Kilda, alors qu'elle avait un de ces visages qui attirent l'attention : une peau brune, des yeux verts, des taches de rousseur, et des cheveux noirs de jais qui formaient des boucles parfaites. Au lieu de m'éloigner d'un pas rapide, je posai ma sacoche à côté de leurs sacs, manteaux, mitaines, chapeaux et écharpes, qu'ils avaient empilés derrière les battants de la porte.

– Je m'appelle Tulipe, déclara la fille, toujours souriante.

Tulipe, quel nom plein d'audace ! Un nom parfait pour une danseuse ou une garçonne. Elle en avait aussi l'allure – grande et déliée.

– Et moi, Lil, pour Lilian, répondis-je, trouvant mon nom bien terne en comparaison.

– Et voilà Oz, mon frère. Il n'est guère bavard, donc ne va pas penser qu'il est malpoli. Il adore ce musée. Nous venons ici tout le temps.

Le garçon, qui devait avoir une dizaine d'années, était son portrait craché. Il ne portait pas d'uniforme, ce qui me fit penser qu'il n'allait pas à l'école, le sacré veinard. J'éprouvai un pincement d'envie envers ce frère et cette sœur, qui avaient l'air de si bien s'entendre. C'était dans ce genre d'occasion que je regrettais de ne pas avoir une famille plus nombreuse.

– Il est doué pour le dessin, dis-je.

Il avait presque rempli une page entière de hiéroglyphes copiés d'après un cercueil exposé au centre de la salle. Certains d'entre eux – le serpent, le faucon et la croix ankh – se trouvaient aussi sur le vase de grand-papa, ce qui attisa ma curiosité.

– Est-ce qu'il sait ce qu'ils signifient ? demandai-je à Tulipe.

– Il apprend, répondit-elle. Tu les comprends, toi ?

– Un tout petit peu.

Je désignai les plus simples.

– Cette créature à tête de chien, c'est Anubis, le dieu de la Mort. Et celle-ci, aux ailes déployées, c'est Isis, une déesse protectrice.

Je les avais également repérés sur le vase.

Pensant tenir une piste, je m'approchai du cercueil pour l'observer de plus près. J'étais souvent venue dans cette salle, mais je n'avais jamais prêté attention au nom inscrit sur le petit carton à l'intérieur de la vitrine. Pourtant, il s'étalait là, en noir sur blanc :

Objet 475 : cercueil d'un homme noble inconnu, avec un bas-relief typique du haut Nil.

Date probable estimée : 1350 av. J.-C.

Professeur Selim Hanawati, Louxor

Égypte, mai 1900

Je sifflai entre mes dents, ne pouvant croire à ma chance. À peine commençais-je mes recherches que je tombais directement sur un indice de taille ! Il se pouvait que le cercueil, qui était lié au professeur Hanawati, provienne de la même région d'Égypte que le vase ! Peut-être l'avait-il trouvé au cours du même voyage !

Puis je me rappelai qu'Anubis et Isis étaient très

souvent représentés sur les objets retrouvés dans les tombeaux de l'Égypte ancienne, et que je devais modérer mes ardeurs. Oui, le vase avait sans doute à l'origine une fonction funéraire, mais rien ne prouvait qu'il ait appartenu au même mort.

– C'est le cercueil d'un simple noble, déclara Oz dans mon dos, me faisant sursauter. Si ça avait été un pharaon, il aurait été entièrement en or.

– Probablement, approuvai-je.

– La plupart des tombeaux qu'on a découverts jusque-là ont été pillés pendant l'Antiquité, continua Oz. Alors, même si Howard Carter trouve celui de Toutânkhamon, il y a de fortes chances qu'un voleur soit passé avant lui.

Je lui jetai un regard en biais : pour quelqu'un qui n'était pas bavard, il avait beaucoup de choses à dire sur les sépultures égyptiennes.

– C'est mon frère Alex qui m'a parlé de l'Égypte, ajouta-t-il fièrement. C'était un savant.

Tulipe leva les yeux au ciel.

– Oh, Oz, ne nous assomme pas avec Alex ! Je suis sûre que Lil n'a aucune envie d'entendre parler de notre saga familiale !

Je me demandai ce qu'Oz, ou son frère, penserait du vase de grand-papa, lorsqu'une femme surgit en trombe dans la salle.

– J'aurais dû deviner que vous seriez là !

Tulipe eut l'air si horrifiée que je fus prise de panique : cette femme était-elle une de ces surveillantes générales qui vous font des misères lorsqu'elles vous surprennent en train de faire l'école buissonnière ?

– Oh, mon Dieu, maman ! s'exclama Tulipe. Je suis désolée ! J'ai perdu la notion du temps !

Maman ?

Elle ne ressemblait ni à Oz ni à Tulipe – elle était blanche, quand ses enfants avaient tous deux la peau brune. Et elle arborait une tenue que ma mère n'aurait portée pour rien au monde – une robe orange, des bas mauves et un rouge à lèvres très vif. Même moi qui n'étais guère intéressée par la mode, je vis qu'elle était terriblement chic. Mais le plus fou, c'est qu'elle n'eut pas l'air un seul instant contrariée de ce que Tulipe ne fût pas en classe.

– Dépêchez-vous, mes chéris, dit-elle d'une voix traînante, avec un accent qui n'était pas anglais. M. Pemberton vient déjeuner avec nous.

– Comme c'est malin de ta part !

Tulipe se mit à fouiller dans la pile près de la porte, et en extirpa son écharpe et sa sacoche. Oz rangea son carnet de croquis. Ce fut ensuite un froufrou de manteaux et de chapeaux.

– Au revoir, Lil ! me lança Tulipe.

Ils partirent tous les trois. La salle était soudain

silencieuse, et très vide. Cela peut paraître étrange, puisque je venais tout juste de les rencontrer, mais ils me manquaient déjà.

Il était encore tôt – d'après ma montre, à peine midi – mais je n'avais plus assez d'argent pour m'offrir le trajet en bus, aussi décidai-je de retourner à l'hôpital Brompton à pied. Je voulus reprendre ma sacoche là où je l'avais laissée, près de la porte, mais elle n'y était plus. Quelqu'un avait dû la déplacer.

Saisie de panique, je la cherchai frénétiquement dans la salle. Puis, alléluia, je la trouvai coincée entre la porte et le mur. Sauf que, lorsque j'ouvris le rabat pour vérifier que rien n'avait disparu, je compris que ce n'était pas la mienne. Oui, elle était en cuir marron, avec deux boucles sur le devant, et l'écusson de St Kilda. Mais à l'intérieur je trouvai un carnet de croquis, des crayons, et le nom « Tulipe Mendoza » suivi d'une adresse dans le quartier de Highgate.

Cette idiote s'était trompée et avait emporté ma sacoche. Avec le vase dedans.

Le temps que je me précipite dehors, les Mendoza s'étaient volatilisés. Comment avais-je pu être aussi négligente ? Il ne me restait rien à faire sinon cacher à grand-papa que je l'avais perdu. Au moins, je savais où habitait Tulipe. Et j'avoue que, au fond, je n'étais pas fâchée d'avoir un prétexte pour les revoir tous les deux, son frère et elle.

4

Lorsque j'arrivai à l'hôpital, grand-papa dormait. Il était installé au fond de la salle – « dans un coin tranquille », m'indiqua une autre infirmière que celle du matin, Dieu merci, dont la jolie voix était aussi douce qu'une plume. J'espérais le trouver assis, et content de me voir, mais alors que je traversais la salle, mon cœur se serra : personne ici ne semblait en état de recevoir des visiteurs.

Derrière le lit de grand-papa, les fenêtres étaient ouvertes. L'air froid était si mordant qu'ils avaient empilé plusieurs épaisseurs de couvertures et on n'en voyait dépasser qu'une mèche de cheveux gris acier.

J'approchai une chaise.

– C'est toi, Lily ? demanda-t-il sans me voir.

– Comment as-tu deviné ?

– Tu sens la pluie. Ta mère aurait eu assez de jugeote pour prendre un parapluie.

Les couvertures remuèrent, et le visage de grand-papa apparut. Je ne m'attendais pas à un tel choc. En l'espace de quelques jours, il avait considérablement maigri, et n'avait plus que la peau sur les os.

– Comment va ma chatte ? Tu l'as nourrie ? murmura-t-il d'une voix enrouée.

– J'ai essayé... Ne dis rien à maman, j'ai fait l'école buissonnière pour venir te voir.

Il voulut rire, mais son rire se transforma en une toux horrible. Si maman avait peur de la contagion, moi, je m'inquiétais surtout de la gravité de son état.

– Écoute, j'ai quelque chose à te dire, confiai-je, baissant nerveusement la voix. Un paquet a été déposé à ta boutique, envoyé par un certain professeur Hanawati, et il contient le plus magnifique...

– Il a envoyé le *vase* ? m'interrompit grand-papa, avant de tenter – en vain – de se redresser.

Je hochai la tête. Ce vase, de toute évidence, était d'une importance capitale. J'avais été d'une bêtise sans nom de l'avoir laissé perdre.

– Pourquoi le professeur te l'a-t-il envoyé ? demandai-je. Il devrait être dans un musée !

– Dans un musée ? s'étrangla grand-papa. C'est comme ça que toute cette horrible affaire a commencé.

– Quelle horrible affaire ?

– La malédiction, chuchota-t-il.

Son état sembla s'aggraver d'un coup. Des gouttes de sueur ruisselèrent sur son visage, formant une flaque sur sa clavicule, mouillant son oreiller et ses couvertures. C'était un véritable crève-cœur.

– C'est un vase, rien de plus. Je suis sûre qu'il n'est pas maudit, dis-je, tentant de le rassurer.

Il m'agrippa le bras.

– Je suis sérieux, Lily. Ce vase est maudit. Hanawati a mis vingt ans à le comprendre.

Était-ce un délire dû à la fièvre ? Je reconnais que je commençais à douter. Le professeur était mort dans les circonstances les plus étranges, et le vase produisait sur moi un effet indéniable.

– Si je ne guéris pas, coassa grand-papa, si je suis à mon tour victime de la malédiction...

– Chut ! Ne dis pas ça ! l'interrompis-je, tout en réalisant qu'il pouvait avoir raison.

Depuis qu'il avait reçu la lettre du professeur, son état n'avait fait que se dégrader. Et maintenant que le vase était en sa possession...

La peur m'envahit.

– Que veux-tu que je fasse ? m'enquis-je. Si c'est la malédiction, comment peut-on la briser ?

– Renvoie le vase, Lily ! murmura-t-il dans un souffle.

– En Égypte ?

Il hocha frénétiquement la tête.

– À l'hôtel… M. Ibrahim… avant que la malédiction…

Je m'adossai à la chaise, découragée par avance. Comment pourrais-je faire parvenir un vase en Égypte ?

– Quel hôtel ? insistai-je. Et qui est M. Ibrahim ?

– Le Winter Palace… réception…

– Le Winter Palace ? répétai-je. C'est le nom de l'hôtel ?

Il toussa. Je lui proposai à boire, mais il repoussa la tasse, renversant de l'eau sur le lit.

– Il le faut… sinon… trop tard…

Il fut à nouveau secoué par une quinte de toux. C'était un bruit de raclement horrible, qui faisait trembler le lit et semblait ne jamais vouloir s'arrêter. L'infirmière accourut avec un bol. Je ne vis pas ce qu'il cracha, mais cela me parut mouillé et solide. Lorsqu'il s'essuya la bouche, il laissa des traces de sang sur le tissu.

C'était terrifiant de le voir si mal en point.

L'infirmière, remarquant que j'étais bouleversée, me pressa doucement l'épaule.

– Vous feriez mieux d'y aller, mon petit.

Mais grand-papa me faisait signe de m'approcher.

– Je n'aurais pas dû le prendre… pas à moi de décider… il y a si longtemps…

– Il délire, insista l'infirmière. Vraiment, vous devriez partir.

– Il veut que je l'aide, dis-je, désespérée. Je ne sais pas quoi faire.

– Laissez ce pauvre homme en paix, voilà ce dont il a besoin.

Lorsque grand-papa voulut parler, il n'arriva pas à respirer. L'infirmière m'écarta de sa main libre, tandis que de l'autre elle lui fourrait le bol sous le menton.

– Croyez-moi, mieux vaut que vous ne le voyiez pas dans cet état.

C'était trop tard. C'est sans doute la première et la dernière fois que je voyais un être humain dans un tel délabrement – sans parler de quelqu'un qui m'était si proche. J'avais l'impression d'avoir reçu un coup de poignard en plein cœur.

Sachant que mes larmes seraient insupportables à grand-papa, je parvins à les refouler jusqu'à la sortie. Mais une fois dehors, je me sentis gênée de sangloter en public. Les gens me regardaient ou accéléraient le pas, comme si la tristesse était une maladie contagieuse. Retourner le vase en Égypte ne serait pas une mince affaire. Mais puisque grand-papa me l'avait demandé, je devais faire tout ce qui était en mon pouvoir pour y arriver. Et pour commencer, je devais le reprendre à Tulipe. Il était trop tard pour aller à Highgate ce jour-là, il me fallait attendre le lendemain, après le collège, à moins que je ne voie Tulipe à St Kilda. Mais je ne l'escomptais guère.

Puis je me rappelai la lettre que le professeur Hanawati avait écrite à grand-papa. Peut-être contenait-elle des informations sur cet hôtel égyptien et, pensai-je en frissonnant, sur la malédiction ? C'était étrange : quelques jours plus tôt, j'avais évoqué la dernière volonté de Hanawati, et voilà qu'il était mort, et que mon grand-père était gravement malade. Et cependant, le plus important était de remettre un vase à sa juste place.

Lors de ma longue marche de retour, un souvenir me revint en mémoire. Cela se passait deux ans plus tôt. Papa nous avait emmenées assister à des funérailles : pas n'importe lesquelles, une procession, avait-il dit. Maman avait brossé nos plus beaux manteaux et, comme c'était un jeudi, on m'avait autorisée à rater l'école. Toute une foule était attendue sur le trajet, depuis la gare Victoria jusqu'à Westminster Abbey, où le cercueil serait enterré à côté de ceux des rois. Personne ne connaissait le défunt mais, d'après papa, c'était justement l'idée.

On l'appelait le Soldat inconnu. Papa m'avait expliqué que quatre corps anonymes avaient été ramassés sur les champs de bataille en France. L'un des quatre avait ensuite été choisi au hasard. Ce pouvait être un simple soldat, un officier ou un capitaine – peu importait. Il représentait les hommes de tous rangs et de tous âges qui étaient morts à la guerre. C'était grandiose, immensément respectable.

Et pourtant, pendant toute la semaine, dans la cour de récréation – j'étais alors au cours moyen –, le grand jeu fut d'imaginer ce qui se trouvait à l'intérieur de ce cercueil. Neddy pensait que c'était des membres appartenant à différents soldats, car ils n'avaient pas pu trouver un seul corps intact. Quelqu'un d'autre – Bobby, je crois – prétendait que c'était un cadavre de chien. Mais Rita Farley, l'une des filles les plus âgées, avait assuré avec aplomb que le cercueil serait ouvert. Cette idée m'horrifiait et me fascinait tout à la fois.

Maman avait invité grand-papa à se joindre à nous. Nous étions censés le retrouver devant Uniprix. De là, nous devions prendre un bus pour Green Park, puis marcher jusqu'à Constitution Hill, une des grandes avenues de la ville, où devait passer la procession.

Le matin du jour dit, nous attendîmes dix, peut-être vingt minutes, moi endimanchée, un nœud stupide dans les cheveux, trépignant d'excitation. Maman ne cessait de jeter des regards à papa, qui commençait à s'impatienter. Lorsque notre bus arriva, grand-papa n'était toujours pas là. Papa décida qu'il n'attendrait pas une minute de plus – décision qui valait pour nous aussi.

Une fois à bord, je dus retenir mes larmes. Je ne comprenais pas pourquoi l'enterrement d'un inconnu était plus important que d'attendre quelqu'un qu'on connaissait. Ma déception perdura une fois la cérémonie terminée. Certes, j'avais vu des chevaux à la belle robe noire lustrée tirer l'affût de canon et le cercueil (parfaitement fermé) recouvert du drapeau britannique. Mais ce que j'avais vu du Soldat inconnu se résumait à un casque en métal cabossé. Et ce n'était même pas le sien, avait précisé papa.

Par la suite, grand-papa ne s'était ni excusé ni expliqué de son absence. Personne n'en reparla jamais.

En y repensant, je trouvai des points communs avec ma mission actuelle : cet homme, mort loin de son pays, avait été rapatrié sur sa terre natale, où il avait reçu des funérailles publiques. Peut-être grand-papa, ce jour-là, avait-il pensé à ce vase qu'ils avaient emporté d'Égypte, le professeur et lui, et qui se trouvait encore aujourd'hui à des milliers de kilomètres de son pays d'origine – à Highgate, pour être précise, dans la maison de gens que je connaissais à peine.

5

Ce soir-là, pendant le dîner, je mentis.

– Plus facile que la précédente, répondis-je à papa qui me demandait ce que j'avais pensé de la composition d'orthographe.

J'avais été prise de court. J'étais si obnubilée par ces histoires d'hôtel et de professeur Hanawati que j'en avais oublié que j'étais supposée avoir passé la journée au collège.

– Eh bien, dis-m'en plus… Quel était le mot le plus difficile ? insista papa.

Je dis le premier mot qui me passa par la tête.

– Réincarnation.

– Tu as eu tout juste ?

– Hum… non.

– Sur quels mots as-tu fait des erreurs ? insista-t-il. Il faut que tu les retravailles, tu sais.

C'était typique de papa. Il n'avait de cesse que je devienne plus intelligente, plus rapide, en un mot, meilleure. Je m'y pliais de bonne grâce, mais ce soir-là, je me sentais épuisée. Je me levai pour débarrasser les assiettes.

– Lilian, me tança papa, je te parle !

– Oh, laisse-la un peu tranquille, intervint maman. Elle se fait du souci pour son grand-père.

Je me faisais du souci, en effet, mais pour des raisons qu'ils ne pouvaient guère imaginer.

– Elle a intérêt à ne pas prendre de retard. Auquel cas je n'hésiterais pas à rencontrer ses professeurs !

Il déplia le journal dans un froissement de papier. Une fois qu'il eut disparu derrière, maman se pencha vers moi et chuchota :

– Moi, je suis fière de toi, Lil. Tu as le courage et la détermination de ton grand-père – bien plus que moi. Il aurait dit qu'il y a plus important dans la vie que les compositions d'orthographe et il aurait eu raison.

Chère maman, elle voulait se montrer gentille, mais ses paroles ne firent que me rappeler ma promesse à grand-papa. Je lui souris avec raideur ; je ne pouvais lui parler ni du vase ni de la malédiction. Je n'aurais même pas dû mettre les pieds à l'hôpital, pour commencer.

Dans des moments comme celui-ci, je regrettais infiniment de ne pas avoir quelqu'un de mon âge avec lequel échanger des confidences privées, intimes, qui n'étaient pas destinées aux oreilles des adultes. Comme Tulipe le faisait, je l'aurais parié, avec ses deux frères, la petite veinarde.

Une fois la table débarrassée et la théière prête, papa et maman s'installèrent près du poêle. Chaque soir, c'était le même rituel. Nous restions assis en silence, sans presque échanger une parole. Et pourtant, si je levais les yeux, je voyais leur visage triste. Papa, je le supposais, repensait à la guerre. Quant à maman, je n'en savais rien. Je surprenais parfois des larmes dans ses yeux. D'autres fois, elle posait la main sur son ventre et soupirait.

Ce soir-là, cependant, j'étais incapable de rester en place, alors que la lettre du professeur Hanawati n'attendait que d'être lue.

– Quelqu'un a-t-il pensé à donner à manger à Néfertiti ? demandai-je. Je peux y aller si vous voulez.

Je savais qu'il était presque impossible de faire lever mes parents une fois qu'ils étaient confortablement installés. Et c'était le genre de besognes pour lesquelles ils comptaient sur moi.

– Tu es une brave fille, dit ma mère. Mais ne traîne pas en route.

Quelques minutes plus tard, je remontais la petite allée derrière chez grand-papa. Cette fois-ci, j'avais apporté une torche, mais ce n'est guère rassurée que je tournai au coin. Sur les marches du perron se trouvaient deux bouteilles de lait et une de crème, près desquelles Néfertiti se tenait couchée. Dès qu'elle me vit, elle se leva en ronronnant.

– Contente de te voir un peu mieux lunée qu'hier, miss, lui lançai-je en m'accroupissant pour lui caresser le menton.

Elle devait avoir terriblement faim.

Lorsque la porte s'ouvrit le plus facilement du monde, je me demandai si un certain changement n'opérait pas déjà. J'étais à présent au courant de la malédiction et je savais quoi faire pour la briser. C'était peut-être signe que j'étais sur la bonne voie.

C'était étrange de pénétrer chez grand-papa sans qu'il vînt m'accueillir. L'entrée était si familière : l'abat-jour de travers qu'il n'avait jamais pris la peine de redresser, le portemanteau, l'escalier, l'étroit couloir qui menait à la boutique. Cela me bouleversa.

Je respirai déjà plus légèrement une fois dans la boutique, entourée d'objets qui me parlaient de lui. C'était presque comme s'il avait été là. Les murs étaient couverts d'étagères qui croulaient sous les livres, les assiettes, les gravures, et toutes sortes de boîtes. J'aimais jusqu'aux objets un peu inquiétants, tels ces masques étranges ou ces animaux empaillés aux yeux en verre.

Dans le bow-window se trouvait le bureau de grand-papa, en désordre comme toujours. Je fouillai parmi les factures de charbon et les coupures de journaux, dont une bonne partie, je remarquai, avait trait à l'Égypte, et plus particulièrement à M. Carter.

En déplaçant une pile de carnets, je découvris un sandwich au corned-beef à moitié entamé. Après l'avoir rapidement reniflé, j'en déduisis qu'il était là depuis longtemps. Question nourriture, grand-papa était comme moi : il fallait vraiment qu'il ait été très perturbé pour en oublier son repas.

Sous le sandwich se trouvait un document qui ressemblait fort à une lettre. C'était une longue missive de cinq ou six pages, couverte de miettes rancies. Le papier en était fin comme du papier bible et d'un bleu inhabituel. Je cherchai des yeux la signature qui, curieusement, se trouvait au bas de la toute première page. C'était, comme souvent, un gribouillis illisible, mais je pus tout de même discerner un *H* au début et un *ti* à la fin, ce qui me confirma que c'était la lettre que je cherchais.

Je m'assis sur la chaise la plus proche. C'était très étrange de lire la lettre d'un mort. Un peu irréel. Un peu triste. Mais j'étais surtout impatiente de savoir ce qu'il avait écrit.

Cher Ezra,

Vous devinerez sans peine combien il me coûte de vous avouer que je me suis trompé, mais je dois admettre que vous aviez raison au sujet du vase canope égyptien : il est bien porteur d'une terrible malédiction. Nous aurions dû le laisser à sa place, en Égypte. Que ce jeune garçon soit mort quelques jours après avoir découvert le vase dans cet étrange petit caveau creusé dans la roche n'était pas fortuit. Jamais nous n'aurions dû nous disputer à son sujet. Nous étions de bons amis, Ezra, mais nous avons laissé ce vase semer la discorde entre nous. Oui, je l'affirme avec regret, il a empoisonné notre amitié.

Il y a de cela de fort nombreuses années, vous m'avez demandé de ne plus jamais me présenter à votre porte, et j'ai respecté votre volonté. Mais je dois absolument m'entretenir avec vous. J'ai à vous communiquer des nouvelles accablantes. Nous ignorions l'un et l'autre que le vase n'était pas vide. Figurez-vous que j'ai découvert, récemment, qu'il recelait un secret.

Je m'en vais tout vous expliquer. Pendant des années, le vase est resté dans mon grenier, parfaitement oublié. Le mois dernier, cependant, les choses ont changé. J'ai commencé à y repenser, et lorsque je l'ai descendu du grenier, j'ai entendu un petit bruit à l'intérieur. Il m'a alors paru très étrange que ni vous ni moi ne l'ayons remarqué lorsque nous l'avons rapporté en Angleterre, dans ces circonstances si malheureuses.

Après avoir retiré le couvercle – au prix d'efforts considérables – je trouvai un rouleau de papyrus noué par un lien en cuir. Il y avait aussi quelque chose au fond du vase – un morceau de tissu, sans doute – que je ne parvins pas à détacher.

Le papyrus retint toute mon attention. Je m'employai aussitôt à le traduire, mais l'écriture était difficile à déchiffrer. Ce n'était pas des hiéroglyphes, comme on s'y serait attendu sur un document important, mais de l'égyptien démotique, à usage personnel. Je passai alors des heures – des jours entiers ! – à mon bureau, à scruter le manuscrit. C'était presque aussi excitant que la découverte du vase lui-même – vous souvenez-vous, Ezra, de notre exaltation lorsque nous le découvrîmes sur cet étal au marché ? Nous n'en revenions pas que M. Carter ait pu le taxer d'insignifiant. Comme il se sentirait stupide s'il pouvait lire ma traduction ! Lorsque vous découvrirez le nom qui apparaît en haut du document, vous partagerez mon euphorie.

Cependant, je dois vous dire que mon excitation retomba vite. Alors que j'avançais dans la traduction, un sentiment d'effroi me gagna peu à peu ; oui, d'effroi, je ne peux trouver de mot plus juste. Les semaines précédentes, j'avais souffert de cauchemars, de migraines et de fièvre. Le docteur conclut à un épuisement nerveux, mais je savais qu'il s'agissait de quelque chose de plus sinistre, Ezra, et qui provenait du vase. Naturellement, personne ne veut me croire. Ma chère épouse me regarde chaque soir à table comme si j'étais fou. Et pourtant, je vous assure qu'il n'en est rien.

J'ai replacé le vase dans sa boîte. Je ne supporte plus de le voir ni même de sentir sa présence dans mon bureau. Je vis hanté par une terreur sans nom. La malédiction est tombée sur moi. Si cela continuait, je devrais me débarrasser du vase, pour ma propre sécurité. Peut-être vous l'enverrai-je à vous qui avez su, mieux que moi, deviner son pouvoir ?

Je vous envoie déjà ce que j'ai pu traduire du parchemin ; il en reste encore, mais ma progression est plus lente sur la fin. Vous serez intéressé par sa lecture, je le sais. Avec l'espoir que vous pourrez me venir en aide,

Votre vieil ami,

Selim Hanawati

Je me pris la tête entre les mains. Ce que je venais d'apprendre était difficile à assimiler. J'étais troublée par le fait que le professeur Hanawati ait deviné qu'il allait lui arriver malheur. Et j'avais encore plus peur pour grand-papa, car après avoir lu cette lettre, il n'était plus possible de douter de l'existence d'une malédiction. Mais pourquoi s'était-elle réveillée, après tant d'années ? Et qu'y avait-il, enveloppé de tissu, au fond du vase ? Par ailleurs, la lettre ne faisait pas la moindre allusion à l'hôtel dont grand-papa m'avait parlé...

Les feuilles suivantes contenaient la traduction. Grand-papa avait dit vrai : l'écriture était minuscule et tassée, et je dus me rapprocher de la lampe pour la déchiffrer.

Thèbes, Ancienne Égypte
Date probable estimée : vers 1323 av. J.-C.

Moi, Lysandra, ai été chargée de retranscrire les derniers jours de notre roi, Toutânkhamon. J'attire votre attention sur le fait que ceci n'est pas un récit officiel, mais un simple témoignage sur un jeune garçon qui ne voulait pas devenir roi et qui, à l'époque la plus heureuse de sa vie, n'aimait rien tant que bombarder mon frère de grenades.

Je m'arrêtai net. Et relus les premières lignes.

Était-il possible qu'il s'agisse de Toutânkhamon ? Du véritable Toutânkhamon, celui dont Howard Carter voulait tant trouver le tombeau et dont on parlait presque tous les jours dans les journaux ?

Je plongeai le papier directement sous la lumière, afin de vérifier que je ne m'étais pas trompée. Mais non, c'était bien ça. Je ne pouvais en croire mes yeux...

Chez nous, on dit : « Que ton visage rayonne », car personne ne souhaite mener une vie malheureuse sur cette terre, avant d'être retenu à jamais sur les rives des Enfers. Alors quand je vois Kyky s'approcher avec une triste mine, je sens que les ennuis ne sont pas loin.

– Veux-tu que j'appelle Maya ? lui proposé-je.

Maya est mon frère aîné et le plus proche ami de Kyky. Une simple cour sépare notre maison des marches du palais royal, où vit Kyky. Ce n'est pas son vrai nom : Maya l'a inventé quand il était enfant et depuis, pour notre famille, il est resté Kyky.

Mon frère est le plus grand de nous tous. Il a de longues jambes fines comme celles des cigognes, mais il est fort, en bonne santé et heureux – trois choses qui font défaut à Kyky. Mais Kyky est aussi le roi d'Égypte, Toutânkhamon. Je pense souvent qu'il déteste ce rôle, qui lui pèse et l'ennuie. Il préférerait passer ses journées à gambader avec Maya, à grimper aux arbres et à chasser les rongeurs. Ils n'ont pas encore dix-sept printemps, ils sont encore jeunes et aiment faire des bêtises. Notre mère fait mine ne rien voir, mais je sais qu'elle désapprouve. Toute la journée, elle fait tutt tutt de la langue tout en cousant. Cela risque d'être son sort pour l'éternité si elle n'y prend garde.

Kyky, légèrement essoufflé, prend appui sur son bâton de marche.

– Tu pourras l'appeler tout à l'heure, Lysandra, répond-il. Je dois te parler d'abord.

Cela me surprend. Lorsque les gens viennent me voir, c'est pour me raconter leurs rêves. Mon grand-père fut le premier de la famille à avoir le don d'interpréter les rêves. Cet honneur m'est aujourd'hui échu. Le rêve d'un homme vous raconte ses espoirs et ses peurs, et le chemin que prendra sa vie dans l'au-delà. Tout l'art repose dans l'écoute.

J'ai l'habitude de dire qu'un rêve est comme un melon. Tant qu'on n'a pas tranché sa peau, on ne connaît pas la douce vérité qu'il renferme.

Comme je suis encore jeune – quatre ans de moins que mon frère –, je suis encore en train d'apprendre. Je suis aussi plus silencieuse que lui – une observatrice, d'après ma mère. Elle dit que c'est pour cela que j'ai reçu ce don.

Aujourd'hui, Kyky est pâle. J'espère qu'il ne fait pas une rechute. La maladie le laisse toujours plus exsangue, et je ne suis pas la seule à l'avoir remarqué. Au palais, il est scruté avec la plus grande attention – s'il boite, s'il transpire, s'il laisse un repas intouché... Personne ne l'observe davantage que son parrain, Aÿ, sur lequel Kyky s'appuie comme sur un père avisé. Il ne fait presque rien sans son approbation, et d'après moi, il perd bien trop de temps à la rechercher. Aÿ ne m'inspire pas confiance. Il a les yeux d'un loup affamé en train de surveiller un agneau qui perd ses forces.

– Viens à l'intérieur, dis-je à Kyky.

Le soleil s'est caché ; les rafales de vent qui montent de la rivière sont trop fraîches pour que l'on puisse rester dehors. Kyky me suit dans notre maison, où le poêle est allumé parce que ma mère cuit des pains. Elle nous aperçoit, s'incline, et quitte la pièce, un panier de pains encore chauds sous le bras.

– Je t'en prie, assois-toi, dis-je en désignant les coussins au sol.

Kyky secoue la tête. Il jette un regard anxieux vers la porte, s'attendant à voir surgir Maya.

Je reste debout moi aussi.

– Des mauvais rêves ?

– Affreux ! souffle-t-il. Le même rêve qui revient toutes les nuits. Je poursuis quelqu'un, mais j'ai beau courir de toutes mes forces, je ne parviens pas à le rattraper.

Sa joue porte la marque d'une piqûre d'insecte toute récente. Son lit devrait être protégé par une moustiquaire. Je me demande pourquoi son serviteur, dont c'est le rôle, n'est pas plus vigilant. Ce genre de piqûres peuvent donner des fièvres dangereuses. Comme le sont les toux qui l'épuisent tous les hivers.

– Es-tu malade ? demandé-je, parce que cela m'évoque un délire de fièvre.

J'en ai souvent entendu le récit, et en général, ils n'ont pas de sens particulier.

– Non, Lysandra. Pour une fois, je ne suis pas malade.

Mon intérêt s'éveille.

– Et comment se termine ton rêve ?

– J'arrive dans une impasse – un mur, une porte fermée, un ravin, cela dépend des fois.

Il frissonne légèrement.

– Derrière moi, j'entends des animaux gronder. Des scorpions me courent entre les pieds.

Je soupèse ce que je viens d'apprendre, tandis que le froid parcourt mes veines. J'ai besoin d'en savoir plus.

– Cette personne que tu poursuis, la vois-tu ?

– Mal. Oh ! s'exclame-t-il, surpris, tandis que Maya entre dans la pièce.

Mon frère, enveloppé dans une couverture pour se tenir chaud, paraît plus squelettique que jamais.

– Tu n'essaies pas de séduire ma sœur, j'espère ? demande-t-il en donnant à Kyky un coup de coude joueur.

C'est absurde, Kyky a une femme, la reine Ânkhésenamon – choisie pour lui par sa garde rapprochée. Elle est très belle, avec des yeux d'ambre et de longs cheveux noirs, bien qu'elle ait presque l'âge de notre mère – ce qui explique, d'après les gens, que ses bébés ne survivent pas.

– Va te jeter dans la rivière, dis-je à Maya en lui lançant un regard noir.

Mon frère sourit.

– Excellente idée ! Tu viens, Kyky ?

Une fois qu'ils sont partis faire je ne sais quelle bêtise,

je laisse enfin échapper le lourd soupir qui m'oppresse. Le rêve de Kyky m'inquiète.

Le soleil ne se montre pas pendant des journées entières. Tout est froid : le sol sur lequel nous posons nos pas, l'eau où nous nous baignons, les vêtements que nous portons. Le père de Kyky était un pharaon imprévisible, qui avait des favoris parmi les dieux. Cela a apporté le chaos à notre pays. Certains disent que le dieu Amon est toujours offensé, ce qui explique que le soleil refuse de briller.

– Je n'ai jamais connu un hiver si dur ni si sombre, dit mère.

Nos lampes à huile restent à brûler toute la journée, afin de lui permettre de continuer à coudre.

Je peine à poursuivre mon travail de scribe. Toute la matinée, je fais des erreurs sur le papyrus. Mère me réprimande.

– Que t'arrive-t-il, Lysandra ? Viens t'asseoir plus près de la lumière.

Mais mon esprit ressasse sans relâche le rêve de Kyky. Une impasse signifie que quelque chose – ou quelqu'un – bloque son voyage à travers cette vie et celle d'après. C'est un mauvais présage. Tout comme les scorpions, qui symbolisent le poison. Je ne peux pas expliquer à mère que la pénombre n'est pas dans la pièce, mais dans mon esprit.

Nous sommes sauvées par Maya, qui vient du dehors et nous apporte de l'air frais.

– J'ai des nouvelles ! dit-il. Le roi a décidé de faire une fête en l'honneur d'Amon demain, pour regagner ses faveurs !

– Aÿ a décidé, tu veux dire, marmonné-je.

Mais malgré ma mauvaise humeur, je suis contente. Le soleil me manque.

– Comment pouvons-nous aider ? interroge mère, toujours pragmatique.

– Tes galettes sont requises, mère. Kyky les a demandées.

Maya se tourne vers moi.

– Tu peux aider Roti avec les chevaux. Il va y avoir une course de chars. Pour une fois, le cher parrain de Kyky le laisse faire à son idée.

Les courses de chars sont le sport préféré de Kyky. Elles sont dangereuses et bruyantes, elles sentent mauvais et offrent un spectacle aussi excitant que terrifiant.

– Il ne va pas participer ? demandé-je, anxieuse.

Maya rit.

– Ne prends pas cet air inquiet ! C'est une fête, pas des funérailles.

J'espère que mon frère a raison de se montrer si joyeux.

DEUXIÈME PARTIE

« C'était à nous de prouver que nous étions dignes de confiance. »

Howard Carter, archéologue

6

– Combien de temps faut-il pour nourrir un chat ? me questionna papa lorsque je rentrai à la maison.

Je n'avais pas de réponse toute prête, cette fois non plus. Je retirai mon paletot et approchai mes mains du poêle dans un état brumeux. Certes, je me doutais que le vase était égyptien, mais rien ne m'avait préparée au récit de Lysandra, qui reliait le vase au pharaon le plus célèbre au monde. Je ne pouvais détacher ma pensée de Kyky, ce garçon qui voulait mener une vie normale, et qui ne ressemblait en rien au roi couvert d'or qui faisait courir Howard Carter.

Et ce n'était pas tout. Le professeur Hanawati travaillait sur la traduction de la fin du texte lorsqu'il était mort. « Il en reste encore », avait-il écrit dans sa lettre. Mais la partie que j'avais lue soulevait déjà assez de questions.

Ce « petit caveau creusé dans la roche » qu'évoquait le professeur Hanawati pouvait-il être celui-là même que cherchait M. Carter ? Les archéologues et les journalistes s'étaient-ils installés au bon endroit ?

En tout cas, j'avais compris une chose. C'était à cause de Howard Carter que la malédiction s'était réveillée. Cela ne pouvait être une coïncidence. La nouvelle de la reprise des fouilles dans la Vallée des Rois était tombée juste avant que grand-papa ne reçoive la lettre de Hanawati. En creusant pour trouver la tombe, M. Carter avait déterré le passé.

Je prétendis une migraine pour me coucher de bonne heure et relus le témoignage de Lysandra. Cette fois-ci, je fus frappée par les ressemblances troublantes qui existaient entre sa vie et la mienne. La fièvre de Kyky, sa toux et sa piqûre d'insecte m'évoquaient la malaria de grand-papa et ses poumons infectés. Et même ses soucis, que l'on pourrait taxer d'ordinaires et qui pouvaient concerner n'importe qui, tels le temps froid ou ses inquiétudes pour un proche malade, trouvaient un étrange écho en moi.

Lorsque j'éteignis enfin la lumière, je ne pensais plus à la malédiction, mais aux adultes qui vous poussent à assumer une charge trop lourde. Et puis au bonheur d'avoir un meilleur ami ou un frère, bonheur dont j'étais privée et qui, j'en étais certaine, rendait la vie plus douce.

Le lendemain, Tulipe n'était toujours pas revenue au collège. Comment s'arrangeait-elle avec l'administration, je l'ignorais. À la fin de la journée, je partis donc en direction de Highgate afin de récupérer mon paquet. Depuis St Kilda, il fallait marcher une demi-heure avant d'arriver au 24, Makepeace Avenue – l'adresse indiquée à l'intérieur de la sacoche. Et si j'étais follement impatiente de retrouver le vase, je l'étais également de revoir Tulipe et Oz.

L'avenue était plantée d'arbres et je devinai, avant même de la voir, que ce serait une maison cossue. Elle était située au milieu d'une rue privée et sapristi ! Cossue, elle l'était ! Je fis une pause devant le portail afin d'épousseter mon paletot. C'était une maison en brique, avec des portes voûtées comme dans les églises. Même les fenêtres, surmontées de vitraux bleu et rouge, étaient magnifiques.

J'étais assez intimidée, vous pensez bien, et je pris la peine d'ôter mon chapeau de collégienne avant de sonner. La porte s'ouvrit presque aussitôt et Tulipe apparut. Je craignis un instant qu'elle ne m'eût oubliée.

– Lil ! s'écria-t-elle. Dieu merci, tu nous as retrouvés !

J'étais surprise – et ravie – qu'elle parût aussi heureuse de me voir.

– Entre donc ! Tu arrives à point pour le goûter ! ajouta-t-elle en me faisant signe d'approcher.

J'entrai sur la pointe des pieds, soucieuse de ne pas salir le carrelage bleu et blanc, aussi beau que des assiettes. Dans l'entrée, tout me parut hors de prix, de l'imposant mobilier en bois sombre aux miroirs au cadre doré. Il y avait même un téléphone. Tulipe m'aida à retirer mon paletot, qu'elle lança sur une chaise, puis elle me prit sa propre sacoche des mains.

– Il faut que je te parle, me glissa-t-elle dans un souffle.

Je fus quelque peu surprise.

– Ah ! Très bien.

– Lorsque nous prendrons le goûter, je te ferai signe.

Elle avait l'air tout excitée, elle aussi.

Je devinai alors qu'elle avait fouillé ma sacoche et découvert le vase. Loin de m'offusquer, cela me soulagea plutôt. J'allais enfin pouvoir partager le poids de mon secret – si tant est que Tulipe fût capable de le garder pour elle.

Elle me fit entrer dans un salon où Mme Mendoza, assise près de la cheminée, écrivait à un bureau. Sans son chapeau, et avec son carré à la mode, elle me parut plus jeune et plus blonde.

– Mama ! s'écria Tulipe. Lil m'a sauvé la vie en me rapportant ma sacoche !

– Un grand merci à toi, Lil. Si seulement nous avions eu ton adresse, nous aurions pu te rapporter la tienne, déclara Mme Mendoza en souriant.

À vrai dire, j'étais soulagée qu'elle ne l'ait pas fait. Maintenant que j'avais vu leur maison, l'idée de Tulipe mettant les pieds dans notre minuscule appartement me remplissait de gêne.

Mme Mendoza demanda à sa fille d'aller chercher Oz pour le goûter, puis elle m'invita à m'asseoir sur un luxueux canapé en velours, qui couina lorsque j'y pris place. Mes yeux s'attardèrent avec curiosité sur les tableaux accrochés aux murs – des toiles peintes à grands coups de pinceau, que papa aurait prises pour l'œuvre d'un enfant, mais qui devaient être du dernier chic.

Laissant échapper un soupir agacé, Mme Mendoza referma le carnet dans lequel elle écrivait, pour reporter son attention sur moi.

– Les rédacteurs en chef ont été inventés pour mettre nos nerfs à l'épreuve, Lil.

Je devinai qu'un rédacteur en chef était la personne qui supervisait les journalistes.

– Ma mère travaille à Uniprix et elle dit que sa chef est une peau de vache.

– Vrai ? dit Mme Mendoza en souriant. Mon rédac

chef, M. Pemberton, est venu des États-Unis – il travaille comme moi pour le *Washington Post.*

Ainsi donc, elle était américaine. Voilà qui expliquait son accent. Et sa façon de s'adresser à moi, comme à une vieille amie, me mettait à l'aise.

– Sur quel sujet étiez-vous en train d'écrire ? m'enquis-je.

Elle se mit à rire, même si je n'avais pas du tout cherché à être drôle.

– Les fouilles en Égypte, bien sûr ! Howard Carter est sur le point de faire une découverte capitale. De quoi d'autre pourrais-je parler ?

Mon cœur se serra ; elle avait sans doute raison.

– Vous pensez qu'ils trouveront son tombeau, cette fois ?

– Apparemment, M. Carter a pu circonscrire la zone de ses recherches, confia-t-elle. Le bruit court que ce n'est plus qu'une question de jours !

J'avalai ma salive.

– Sérieusement ?

Cette nouvelle n'avait rien pour me réjouir. Si, comme je le craignais, la malédiction avait été déclenchée par les fouilles de M. Carter, je devais renvoyer au plus vite le vase en Égypte, avant que grand-papa ne succombe à la maladie.

Mme Mendoza ne paraissait guère plus réjouie que moi.

– Des reporters du monde entier se pressent en Égypte pour couvrir l'événement. J'ai supplié mon rédac chef de m'y envoyer… je l'ai supplié *à genoux* !

Elle pinça les lèvres.

– Mais naturellement, il a choisi M. Richards, comme d'habitude, et voilà qu'il a eu un accident d'auto en Italie.

– Sacrebleu !

– Oh, il s'en sort avec une jambe cassée et une légère commotion cérébrale, dit-elle, balayant mes inquiétudes. Ce qui m'exaspère, c'est que M. Pemberton envoie un autre journaliste pour le remplacer.

– Et pourquoi pas vous ?

– Moi, suivre la découverte du tombeau d'un pharaon ? se moqua-t-elle. L'actualité la plus intéressante depuis la fin de la guerre ? Voyons, c'est un travail d'homme !

– Fadaises ! m'écriai-je.

Mme Mendoza m'observa avec ce qui me sembla du respect.

– Tu m'ôtes le mot de la bouche.

Tulipe réapparut avec Oz, qui se laissa tomber sur le fauteuil le plus éloigné de nous. Le goûter fut servi : des assiettes de *crumpets* chauds et beurrés, du cake au citron, du gâteau au chocolat et de petites meringues. J'en pris deux de chaque, ce qui parut choquer Tulipe, qui se mit à battre des mains tandis que je mangeais. Je compris qu'elle m'incitait à accélérer. Dévorer à toute allure un goûter aussi somptueux me fendait le cœur, mais c'était le signe qu'elle m'avait dit de guetter.

– Allons chercher ta sacoche, Lil, déclara Tulipe d'une voix forte et joyeuse. Oz, tu peux venir aussi.

Oz jaillit hors de son fauteuil. Je jetai un regard de regret à mes *crumpets* et à mes parts de gâteau intouchés, mais l'expression plus qu'insistante de Tulipe me fit reposer mon assiette.

Nous traversâmes le couloir pour passer dans la bibliothèque. Il me paraissait incroyable qu'une pièce entière fût dédiée aux livres. Là, des photographies encadrées ornaient les murs – presque toutes des portraits d'une seule et même personne, un garçon dont la mèche de cheveux semblait tomber sans cesse sur les yeux.

– Est-ce votre frère Alex ? m'enquis-je.

Bien qu'il eût les cheveux blonds et la peau claire, il me parut familier – il devait ressembler à Tulipe, je suppose.

Elle se mordilla la lèvre, soudain sérieuse.

– Oui. Il est parti pour la France au mois d'août 1918, et il n'est jamais revenu.

Je me reprochai aussitôt de l'avoir évoqué.

– Ah, mince… hum… je suis désolée…

– Ce n'est rien.

Tulipe désigna d'un geste les trophées exposés sur les étagères, ces coupes qui récompensent les exploits sportifs ou les compositions au collège.

– Alex faisait partie de ces gens brillantissimes qui raflent tous les prix, mais sa chance ne l'aura pas servi longtemps.

Manifestant une agitation soudaine, Oz se mit à marteler ses genoux avec ses doigts. Tulipe, désireuse de changer de sujet, me tendit ma sacoche, qui était suspendue à une chaise.

– Je n'avais pas l'intention de l'ouvrir, dit-elle, légèrement honteuse. Je n'ai découvert qu'hier soir que ce n'était pas la mienne. Mais je n'arrivais pas à dormir tant qu'elle était dans ma chambre. C'est ce vase, il me fait un effet incroyable.

Je fus soulagée de ne pas être la seule à ressentir son pouvoir, même si le simple fait de l'évoquer me mettait mal à l'aise.

– Je pense qu'il est maudit, admis-je.

Tulipe frissonna.

– Nom d'un petit bonhomme ! C'est fascinant, ça !

– Crois-moi, ça n'a rien de fascinant, protestai-je. Mon grand-père est à l'hôpital, sacrément mal en point, et si je veux qu'il guérisse, je dois absolument le retourner en Égypte.

Je débitai d'un trait tout ce que je savais sur grand-papa, le professeur Hanawati et l'Égypte.

– Mon grand-père ne voulait pas rapporter le vase en Angleterre, mais le professeur n'a pas tenu compte de ses réticences. Il a compris trop tard qu'il était maudit.

– « La mort frôlera de ses ailes puissantes quiconque troublera la paix d'un pharaon », déclama Tulipe d'une voix théâtrale.

– Est-ce une citation exacte ? demandai-je, car je ne l'avais entendue nulle part.

Tulipe confirma.

– C'était gravé sur un rocher, tout près de l'endroit où M. Carter a installé ses fouilles. C'est mama qui me l'a dit.

Je pensai au sort qu'avait connu le professeur, et un frisson me parcourut.

Oz, pendant ce temps, s'impatientait.

– Par pitié, pouvons-nous parler du vase ? supplia-t-il, les manches relevées, comme pour se livrer à je ne sais quelle besogne. Je l'ai examiné. Il est surmonté d'une tête d'Anubis. Elle a la forme d'un chacal, c'est un animal courant dans le désert où le mort était enterré.

Tulipe me fit un clin d'œil.

– J'aurais dû te prévenir, Lil. Lorsque mon frère

s'intéresse à un sujet, il se transforme en encyclopédie vivante.

– Le professeur Hanawati pensait que c'est un vase canope, dis-je.

– Ça m'en a tout l'air, acquiesça Oz.

– Ces vases où l'on déposait les poumons, le foie et autres morceaux du corps du défunt ? demanda Tulipe avec une grimace.

– C'est cela, confirmai-je. Mais celui-ci ne renfermait qu'un rouleau de papyrus.

– Est-ce qu'on peut voir ? demanda Tulipe, jetant un regard par-dessus mon épaule. Ouvre-le, Oz. Cette tête de chacal ressemble à un couvercle.

Oz tenta de l'ouvrir, comme moi avant lui, en le tournant, puis en tirant dessus. Ses efforts me rendirent nerveuse, et je finis par le lui retirer des mains, car j'étais horrifiée à l'idée qu'il le casse.

– Le couvercle ne bouge pas. Je vous jure que j'ai essayé, vous avez ma parole !

– Est-ce que le papyrus est encore à l'intérieur ? voulut savoir Tulipe.

– Je ne pense pas. Le professeur Hanawati était en train de le traduire quand il est mort.

– Je me demande de quoi il parlait, soupira Tulipe.

– Il faudrait pouvoir le lire, approuva Oz. Il contient peut-être des indices sur son origine.

Je pris une profonde inspiration.

– À vrai dire, j'en ai lu la première partie. Le professeur a envoyé sa traduction à grand-papa, accompagnée d'une lettre expliquant la malédiction.

– Et alors ? me pressa Tulipe en haussant les sourcils. Avais-je raison avec ma citation ? Le vase provient-il du tombeau d'un pharaon ?

Je la regardai. Puis Oz. Je leur devais la vérité.

– C'est un récit des derniers jours de Toutânkhamon, par une fille qui le connaissait vraiment. Elle l'appelle Kyky. C'était le meilleur ami de son frère.

Tulipe cligna des paupières. Oz semblait retenir son souffle. On aurait entendu une araignée se déplacer dans la pièce. La stupéfaction qu'exprimaient leurs visages me rappela, si besoin était, le caractère exceptionnel de ma découverte.

– Incroyable, n'est-ce pas ? m'exclamai-je.

– Tu peux le dire ! s'écria Tulipe, moitié riant, moitié s'étranglant. Et tu dois retourner le vase en Égypte ?

Je hochai la tête.

– Dans un hôtel qui s'appelle le Winter Palace, aux bons soins de M. Ibrahim.

– On ne peut pas envoyer par la poste un objet d'une telle valeur, protesta Oz, absolument horrifié. Il faut l'apporter au British Museum !

– Ce n'est pas sa place, le corrigea Tulipe. Le

professeur Hanawati a eu tort de le rapporter en Angleterre, Lil vient de nous l'expliquer.

– Mais il devrait être exposé dans une vitrine, pour que les gens puissent le voir, insista-t-il.

– En Égypte, peut-être, mais pas ici, rétorquai-je.

Pour ma part, je ne pensais pas que sa place fût dans un musée, dans quelque pays que ce soit. La malédiction ne laissait guère de doutes sur la question.

– La place de ce vase est en Égypte, dans la tombe de Kyky, déclarai-je avec fermeté. Et c'est là qu'il doit retourner, sinon mon grand-père risque de mourir.

– Je ne pense pas qu'on puisse le confier à la poste, persista Oz.

Une certaine frustration me gagna.

– De ce que j'en sais, le Winter Palace est un hôtel chic de Louxor, dit Tulipe. Mais je n'ai jamais entendu parler d'un M. Ibrahim.

Je fronçai les sourcils.

– D'où le tiens-tu ?

– C'est l'hôtel où logent les reporters qui couvrent les avancées de M. Carter. J'ai vu l'adresse sur les télégrammes qu'envoie mama.

– Si seulement votre mère allait là-bas, soupirai-je. Nous pourrions lui demander d'emporter le vase…

– Mais M. Pemberton a envoyé un autre journaliste, nous rappela Oz.

Tulipe avait soulevé un vrai problème : il était peu

probable que M. Ibrahim travaille toujours pour le Winter Palace. Vingt ans s'étaient écoulés depuis le voyage de grand-papa.

Il m'avait aussi dit qu'on ne pouvait pas réellement comprendre l'Égypte sans aller sur place.

– Votre mère devrait y aller de toute façon, dis-je, pensant à voix haute. Ne serait-ce que pour clouer le bec à son rédac chef et lui montrer qu'elle est une excellente plume.

J'avais laissé échapper cette idée sans y penser vraiment, mais Tulipe s'en empara aussitôt.

– Pardieu, tu as raison ! Si elle y allait, elle nous emmènerait certainement avec elle !

– Et si nous lui faisions parvenir un faux télégramme de son rédac chef ? proposai-je, m'échauffant. Si nous lui faisions croire qu'il a changé d'avis et que c'est elle qu'il envoie ?

Mais il faudrait alors réserver les billets de train et les nuits d'hôtel. Nous n'étions que des gosses. Je doutais que nous en soyons capables. Ni même que nous disposions d'assez de temps.

Tulipe plissa les yeux ; c'était, j'allais le découvrir, signe qu'elle réfléchissait.

– Tu viendrais avec nous, n'est-ce pas ?

Je réprimai un petit rire.

– Moi ? J'en rêverais, mais mes parents n'ont pas les moyens. Je dois m'en remettre à vous.

– Et si quelqu'un prenait en charge tes billets ?

Je secouai tristement la tête. Ce n'était pas qu'une question d'argent. Hormis une escapade d'une journée à Southend, je n'avais jamais quitté Londres. L'Égypte était de l'étoffe des rêves – l'étoffe de grand-papa, le seul de la famille qui eût l'esprit d'aventure. Mes parents ne lui ressemblaient en rien. Ils travaillaient dur, prenaient soin de notre petit appartement, préparaient un rôti le dimanche si maman avait pu dénicher un bas morceau. Tel était leur quotidien – et le mien. Il valait déjà mieux que bien d'autres vies. Avoir de plus grands rêves m'aurait paru de l'ingratitude.

De toute façon, papa ne me laisserait jamais manquer le collège pendant plusieurs semaines. Et maman se rongerait les sangs à l'idée que j'attrape la malaria ou je ne sais quelle horrible maladie.

Non, tout ce que je pouvais goûter de l'Égypte, c'était les histoires de grand-papa le samedi après-midi, accompagnées d'un verre de *tchaï*.

– Je suis désolée, repris-je enfin. C'est impossible. Je dois faire ce que je peux depuis l'Angleterre.

Après de longs débats, il fut décidé que je me chargerais du télégramme censé envoyer Mme Mendoza en Égypte.

– Quant à moi, je me ferai passer pour quelqu'un du *Washington Post*, déclara Tulipe. Je réserverai les billets par téléphone, en prenant ma voix de grande personne, puis j'irai les retirer moi-même à l'agence de voyage.

– Tu t'en sens capable ? m'exclamai-je, vivement impressionnée.

– Ne fais pas cette tête. Mama me demande souvent de les appeler lorsqu'elle doit partir en extrême urgence. Il n'y a rien de plus facile, je t'assure.

Pour elle, tout semblait facile. Il lui suffisait d'ouvrir la bouche pour que les mots coulent le plus naturellement du monde. Sans parler de ce sourire charmant qu'elle avait hérité de sa mère et qui lui gagnait les faveurs des gens avant même qu'elle ait commencé à parler. Avec Tulipe dans l'aventure, je commençais à croire que notre projet fou pouvait devenir réalité.

– Très bien, dis-je en déglutissant nerveusement. Alors, tentons le tout pour le tout.

7

J'avais cru naïvement que nous mettrions aussitôt notre plan à exécution, mais c'était oublier que nous étions vendredi soir. Cela impliquait des trains en moindre nombre, des bureaux de poste fermés, et nos parents à la maison pendant l'essentiel de la journée. En attendant lundi, nous étions réduits à l'impuissance, ce qui était rien de moins qu'exaspérant.

– Tu es sûre que ça va, Lil ? me demanda maman toute la soirée.

– Très bien.

Mais j'étais peu douée pour les cachotteries et, dès le samedi matin, je me sentis plus agitée que jamais. J'avais aussi découvert une faille dans notre plan : Tulipe et Oz devraient replacer le vase dans un tombeau dont ils ne connaissaient pas l'emplacement.

J'étais presque certaine qu'il ne provenait pas de la zone de fouilles de M. Carter. De toute façon, le replacer là-bas n'avait aucun sens ; cela revenait à prendre le vase des mains d'un archéologue pour le glisser directement dans celles d'un autre. Il était évident en revanche qu'il venait des environs de Louxor, mais d'où exactement ?

Ce qu'il nous aurait fallu, c'était la fin de la traduction du professeur Hanawati, qui donnait peut-être des indications sur le lieu où était enterré Kyky. En outre, je mourais d'envie d'en apprendre davantage sur Lysandra et Maya, et de découvrir ce qui était arrivé à Kyky : plus j'y pensais, plus je désirais lire cette traduction. Le seul souci, c'est qu'elle se trouvait, selon toutes probabilités, à l'intérieur de la maison du professeur.

– Ce n'est pas réellement du vol, tenta de me rassurer Tulipe, quelques heures plus tard, tandis que nous traversions le parc de Russell Square. Nous venons simplement chercher ce qu'il voulait envoyer à ton grand-père.

À peine le petit déjeuner avalé, j'avais pris excuse d'un livre à rapporter à la bibliothèque et je m'étais rendue directement chez Tulipe et Oz. Par chance, Tulipe avait reçu son argent de poche le matin même, ce qui paya les tickets de bus jusqu'à Russell Square. La maison du professeur Hanawati se trouvait juste à l'angle.

– Reste à savoir comment nous allons entrer…, leur rappelai-je.

– Nous allons frapper à la porte, dit Oz, comme s'il n'y avait rien de plus évident.

– Et leur dire quoi, exactement ? demandai-je.

Je savais, pour ma part, que je perdrais instantanément mes moyens.

– Je pourrais me présenter comme un membre de sa famille, suggéra Tulipe. Mais je serais très étonnée qu'il y ait quelqu'un chez lui.

– Auquel cas, pourquoi ne pas passer par la fenêtre, tout simplement ? proposai-je, trouvant cette méthode plus directe.

– En plein jour ? Au cœur de Londres ? s'écria-t-elle, horrifiée. Tu tiens vraiment à te retrouver en prison ?

Je pris soudain conscience que je n'avais pas tout à fait mesuré la gravité de ce que nous nous apprêtions à faire.

Nous nous arrêtâmes au coin du parc. C'était un jour de novembre gris et glacial, encore un, et je me demandai malgré moi si les fêtes en l'honneur du dieu du Soleil étaient efficaces, et si nous ne devrions pas essayer, pour voir. Nous nous tenions près les uns des autres pour nous réchauffer, enfin surtout Tulipe et moi, car Oz gardait une certaine distance, les mains profondément enfouies dans ses poches.

– De quelle maison s'agit-il ? s'enquit Tulipe, observant les rangées de hauts bâtiments qui nous entouraient.

– C'est par là, dis-je en désignant une rue latérale à droite.

L'adresse du professeur figurait sur la lettre qu'il avait envoyée à grand-papa.

– Numéro 10, précisai-je.

La trouver ne fut guère difficile, car un policier montait la garde devant. Nos chances de réussir à nous y introduire, déjà minces, se réduisaient à vue d'œil.

Jamais l'idée ne me serait venue de m'adresser au policier, mais Tulipe ne se laissa pas impressionner.

– Voyons ce que nous pouvons tirer de lui.

– Tu es sûre ? demandai-je, dubitative.

– Lil, dit-elle, fais-moi confiance.

Je jetai un regard à Oz, qui haussa à moitié les épaules.

– Ça me va.

Nous nous dirigeâmes vers la rue latérale. Le policier ouvrit des yeux ronds en nous voyant approcher. Tulipe passa à l'attaque sans attendre.

– Pourriez-vous nous aider, je vous prie ? Nous venons rendre visite à…

Plongeant la main dans la poche de son manteau, elle en sortit une boule de papier froissé. J'étais assez près pour voir que c'était le reçu d'une librairie mais, avec un culot monstre, elle fit semblant de lire une adresse.

– C'est ici qu'habite mon oncle. C'est bien la bonne rue, n'est-ce pas ?

– Il nous attend, vous comprenez, ajoutai-je.

– Au numéro 10 ? Votre oncle ?

Le policier se frotta le menton.

Je craignais qu'elle n'y soit allée un peu fort. Mais l'homme, considérant la peau brune de Tulipe, la crut – c'était le genre d'homme à croire que deux personnes à la peau foncée devaient naturellement avoir un lien de parenté.

– Cela va vous faire un choc, dit-il, mais j'ai le regret de vous annoncer que votre oncle est décédé.

– Oh ! Mon Dieu !

Tulipe s'essuya les yeux, où je crus déceler de vraies larmes. Rusée, elle en profita pour s'approcher du perron.

– Ma tante est-elle à la maison ? Elle ne nous pardonnerait jamais de ne pas l'avoir saluée.

Mais le policier commençait à se méfier.

– Cette maison fait l'objet d'une enquête, vous ne pouvez pas entrer, répondit-il en nous chassant d'un geste. Zou, débarrassez-moi le plancher !

– Jamais il ne t'aurait laissée entrer, dit Oz à Tulipe

lorsque nous fûmes hors de portée de ses oreilles. Il n'avait peut-être même pas la clé.

– Tu aurais quand même pu me soutenir, protesta-t-elle, fâchée.

– Merci d'avoir essayé, en tout cas, lui dis-je.

Mais nous n'avions pas avancé d'un pas. J'avais froid et j'étais découragée. À ce compte-là, nous allions devoir attendre la tombée de la nuit pour nous faufiler à l'intérieur, et nos parents s'inquiéteraient de notre longue absence.

Je ruminais l'échec de notre tentative quand la charrette d'un marchand de charbon surgit dans la rue. Il sortait d'une ruelle qui longeait l'arrière de la dernière maison. Et si, comme je le pensais, c'était l'entrée des domestiques, la ruelle devait courir derrière toute la rangée de maisons mitoyennes.

J'eus soudain une idée, que je m'empressai de communiquer à mes camarades.

– C'est de la folie, déclara Tulipe, sans pour autant essayer de me dissuader – ce que je pris comme un bon signe.

Nous attendîmes que l'attention du policier soit occupée ailleurs pour nous engouffrer dans la ruelle. Je ne m'étais pas trompée, elle longeait bien l'arrière des maisons. Dans mon plan, j'avais prévu que Tulipe et Oz monteraient la garde.

– Fais vite ! chuchota Tulipe.

J'avais entendu dire que les voleurs surveillaient pendant des heures la maison qu'ils voulaient cambrioler, mais nous n'avions pas ce luxe.

– Je chronomètre, dit Oz en regardant sa montre. Dix minutes. C'est parti !

Je me dirigeai vers la troisième maison. J'espérais trouver ouverte la fenêtre du cellier ou de la cave. J'étais anxieuse, certaine qu'il sauterait aux yeux de n'importe qui que j'avais de mauvaises intentions.

Presque au même instant, une bonne sortit de la première maison pour porter des épluchures de pommes de terre à la poubelle. Elle me jeta un regard noir.

– J'espère que vous êtes pas une de ces journalistes qui fourrent leur nez partout !

Elle devait avoir une très mauvaise vue pour me prendre pour une adulte.

– Je cherche mon chien, lui dis-je, lançant la première idée qui me vint à l'esprit.

– C'est ça, bien sûr, rétorqua-t-elle avec mépris.

Dieu merci, elle retourna à l'intérieur. Lorsque j'atteignis la troisième maison, je transpirais à grosses gouttes. J'imaginais déjà la bonne de Hanawati me courant après avec son balai ou sa cuisinière me menaçant de son rouleau à pâtisserie. Mais à l'arrière de la maison, tout était fermé et silencieux. Pas une lumière ne filtrait, aucune fumée ne sortait de la cheminée. Quelques marches menaient à la cave.

Jetant un regard rapide par-dessus mon épaule, je me dépêchai de les descendre, mais je trouvai la porte du bas close.

Un peu plus loin dans la ruelle, j'entendis une porte claquer, puis des voix – une femme et un homme – venant de la direction opposée à celle que surveillaient Tulipe et Oz.

– Elle est què'que part par là, en train d'fouiner, dit la fille.

Reconnaissant la voix, je la maudis : c'était la bonne myope.

– Vous avez eu raison de venir me trouver, déclara l'homme. Maintenant, laissez cette affaire aux mains de la loi.

Je déglutis péniblement : de la *loi* ? Saperlotte ! Cette idiote était allée chercher le policier qui gardait la maison.

Cédant à la panique, je tentai à nouveau d'ouvrir la porte, en vain. Il était inutile de la secouer ou de la pousser, cela ne changerait rien à rien. Je n'avais pas non plus le temps de fuir : j'apercevais déjà le casque du policier qui s'approchait de la maison voisine. Je cherchai désespérément une excuse pour justifier ma présence ; l'histoire du chien n'avait visiblement pas suffi à écarter les soupçons.

Soudain, j'avisai la trappe qui servait à livrer le charbon. Elle était située à la hauteur de ma tête, juste à côté de la porte de la cave. Mais surtout, je vis en soulevant le clapet métallique qu'elle était assez grande pour moi. Voilà par où j'allais entrer !

Je me hissai à l'intérieur à la force des bras, m'aidant d'un bon coup de pied. Le clapet se referma derrière moi. Le policier penserait que je m'étais évaporée.

La goulotte n'était pas longue. Je glissai la tête la première et atterris par terre dans un bruit sourd. Il faisait très sombre et il flottait une odeur désagréable d'humidité et de charbon. Par chance, le sol en terre battue amortit ma chute. Je me dépêchai de me relever.

La porte de la cave à charbon ouvrait sur un couloir en brique. À l'une des extrémités se trouvait la cuisine – seul me parvenait le bruit d'un robinet qui fuyait – et à l'autre, j'aperçus un escalier qui, je le devinai, montait au rez-de-chaussée. Je gravis les marches quatre à quatre. Même si je sentais mon cœur cogner dans ma poitrine, je n'avais plus vraiment peur. Le plus difficile était fait : j'avais réussi à entrer. Ne restait qu'à trouver la traduction et à escalader la goulotte.

Une fois dans l'entrée, j'hésitai : où chercher en premier ?

Dans sa lettre, le professeur avait indiqué qu'il travaillait dans un bureau.

Ce fut la première pièce dans laquelle je me rendis, mais on ne peut pas dire que ce fut par hasard. Je fus guidée par une odeur pestilentielle. Et lorsque j'ouvris la porte du bureau, ce fut dix fois pire – l'odeur était si atroce que je dus me couvrir la bouche de la main. C'était pire que le casier à viande en plein été. Pire que les toilettes de la cour bouchées. C'est simple, je n'avais jamais rien connu d'aussi horrible.

La pièce elle-même me parut étrange. L'air semblait avoir gardé trace de la présence de quelqu'un. Pour la première fois depuis que j'avais pénétré dans cette maison, je commençai à me sentir mal à l'aise. Bien que les volets eussent été fermés, il faisait assez clair pour y voir, mais tout paraissait noir et gris. Au centre se trouvait un bureau, plus petit et indéniablement mieux rangé que celui de grand-papa. Un tampon buvard, une pile de carnets et un porte-lettres étaient alignés sur le côté. Une veste était accrochée à la chaise, comme si quelqu'un venait de l'ôter. À sa vue, une soudaine tristesse s'empara de moi ; je l'évitai des yeux, tout en cherchant le papier à lettres bleu si particulier du professeur Hanawati.

Après quelques pas sur la gauche, je pris conscience que j'avais marché sur quelque chose. Dans la pénombre, je ne pouvais pas bien voir ce que c'était, mais ça collait à mes semelles. Lorsque je voulus lever le pied, cela fit un horrible bruit de succion humide, et l'odeur empira encore. Je ne pouvais percevoir d'où elle venait, mais elle remplissait toute la pièce et me soulevait l'estomac.

Prise de frénésie, je me dépêchai de fouiller les tiroirs du bureau. Pas une seule lettre, et les carnets étaient presque vides. La traduction n'était pas rangée là. Je priai pour qu'il ne l'ait pas cachée dans un endroit improbable. Je doutais que mon estomac serait capable de supporter cette odeur très longtemps.

Je m'intéressai ensuite aux bibliothèques. Secouai les livres. Palpai à tâtons les volumes. Rien. Puis, sur un guéridon, je remarquai une photographie dans un cadre en argent.

Sur celle-ci, deux hommes : je ne connaissais pas le premier, au visage sombre et fier, mais le second était mon grand-père. Elle avait été prise dans le désert – en Égypte, supposai-je – et même si le vase n'était pas visible sur le cliché, il avait déjà commencé son travail de sape. Le professeur Hanawati – car c'était lui, j'en étais certaine – regardait l'appareil avec colère, tandis que grand-papa fixait le sol.

Je fus troublée de les découvrir côte à côte, jeunes et malheureux. Mais le plus grand choc restait à venir. Lorsque j'étais entrée dans la pièce, le bureau m'avait masqué la vue, mais à présent je pouvais voir le tapis dans toute son horreur.

Il était recouvert par une substance gris-noir et, qui ressemblait à des cendres. Curieusement, il était complètement noirci, alors que le fauteuil était indemne.

D'ailleurs, à bien y penser, les cendres ne ressemblaient pas à celles d'un feu ordinaire. Elles étaient plus sombres, plus lourdes, et dégageaient une odeur de viande avariée. L'envie de vomir me saisit. J'avais lu l'article du journal, je savais exactement ce que j'avais sous les yeux. Le journaliste avait décrit le tapis avec force détails. C'était ici, précisément ici, que le professeur Hanawati avait brûlé vif.

Quelqu'un avait essayé de remettre un peu d'ordre ; la vision des pieds me fut épargnée. Mais mon cerveau n'arrivait pas à accepter la réalité de ce que mes yeux voyaient.

Je ne savais pas si j'allais m'évanouir ou vomir tripes et boyaux. Une seule chose était certaine : je ne pouvais pas rester une seconde de plus. Alors que je faisais demi-tour, au dernier instant, j'aperçus le coin d'une feuille bleue qui dépassait du fauteuil. J'hésitai : elle se trouvait juste à côté des cendres.

Bloquant ma respiration, je me penchai vivement et attrapai le feuillet. Il avait pour titre *Lysandra* et était parfaitement intact. Jamais je n'avais éprouvé une telle joie de ma vie entière.

Le glissant dans ma poche, je repartis sans avoir repris mon souffle.

Le jour de la fête, le ciel est d'un bleu limpide. Kyky a choisi ses chevaux préférés pour la course de chars : Lion, un jeune alezan, et Myrrh, dont la robe noire ondoie comme de l'eau. Sensibles à l'excitation ambiante, ils refusent de rester immobiles pendant que je tresse leur queue.

Roti, le palefrenier, admire mon travail.

Je parierais ma plus belle couverture sur ces chevaux !

La plupart des mises se font sur le roi lui-même, m'explique Roti. Dans la cour du palais, la foule se presse sous les figuiers pour enregistrer les paris. Une femme médecin propose d'arracher les dents gratuitement. Il y a des bouteilles en santal, des chaussures à talons, des chiots, une chanson pour charmer les serpents. La reine a misé ses plus belles boucles d'oreilles, dont les rubis sont si lourds qu'ils étirent le lobe de celle qui les porte.

Le soleil brille, l'air est chaud. Amon nous sourit à nouveau. C'est un jour pour être heureux, me dis-je à moi-même, mais cela ne m'aide guère à calmer mes nerfs.

La course aura lieu au milieu de l'après-midi. La foule s'amasse le long de la route qui part du palais, traverse le marché, continue jusqu'à la rivière, avant de faire une boucle devant le temple et ses nouveaux sphinx à tête de bélier. La chaleur est maintenant accablante. Mère et moi portons des tuniques blanches et du khôl sous les yeux pour nous protéger de l'éclat du soleil. Nous prenons place devant les portes du palais, où la course commence et s'achève.

– Maya peut gagner, me dit mère fièrement, mais discrètement.

– Le roi gagne toujours, lui rappelé-je.

Lorsque les deux chars apparaissent, il n'est pas difficile de comprendre pourquoi. Maya paraît presque trop grand pour son véhicule. Avec ses longs bras et ses longues jambes, il peine à garder son équilibre. Ses chevaux, Bes et Râ, ont passé l'hiver à brouter l'herbe sur les rives du fleuve et paraissent empâtés à côté de ceux de Kyky.

Kyky, par comparaison, est royal. Il a lui aussi souligné ses yeux de khôl. Il porte une tiare en or, et un plastron incrusté de pierres précieuses. Ses chevaux, pensé-je avec fierté, sont ravissants. Ils s'ébrouent et secouent leur crinière en piaffant. Dans ces rares moments où il a l'allure d'un pharaon, il est évident que Kyky sera vainqueur.

Sur les marches du palais, Horemheb, le général des armées, donne le départ de la course. Aÿ se tient assis derrière lui. Kyky jette un regard à son parrain, puis lève la main – souhaite-moi bonne chance, semble-t-il dire. Aÿ hoche la tête, puis se détourne. Cela me rend triste pour Kyky, qui vénère son parrain sans presque jamais être payé de retour.

Tous les yeux sont rivés sur Horemheb tandis qu'il lève le maillet. Un frisson d'excitation parcourt la foule. Il frappe le gong, dont le son puissant résonne. Pendant un instant, ni Kyky ni Maya ne bougent. Puis le bois craque, les rênes fouettent l'encolure des chevaux et la poussière vole. Les chars s'ébranlent. Un rugissement monte de la foule.

Mère m'agrippe le bras, j'agrippe le sien. Nous restons accrochées l'une à l'autre.

Lorsque la poussière retombe, nous distinguons l'arrière du char de Kyky qui s'éloigne à vive allure. Malgré les trous et les bosses, il avance à une vitesse régulière. Maya suit. Il crie sur ses chevaux, il crie à Kyky de ralentir. La foule rit, elle s'amuse.

Lorsque les chars disparaissent de notre vue, la foule s'élance à leur suite. Une grande vague d'hommes et de femmes qui se bousculent et qui étirent le cou dans l'espoir de les apercevoir.

– Vite, mère !

Je lui tends la main. Elle trébuche et rit, puis se raccroche à mon bras.

Au marché, les étals ont été déplacés. La route, large, descend doucement vers la rivière. Plus loin, un tas de gravats bloque le passage. Il y a encore quelque temps, c'était la statue de l'ancien dieu, Aton. C'est maintenant un obstacle. Kyky jette tout son poids sur le côté. Le char fait un écart juste à temps pour l'éviter.

Maya, à la traîne, tente la même manœuvre, mais il pèse plus lourd. Je pousse un cri en voyant son char basculer. Une des roues se soulève puis, comme par magie, se repose. J'ai serré si fort la main de mère que j'ai dû lui couper la circulation.

Lorsque les chars atteignent la rivière, nous les perdons de vue. Mère et moi, comme la plupart, retournons vers le palais, où se termine la course. De temps à autre, nous entendons des salves de cris lointains.

Il est exaspérant de ne pas savoir ce qui se passe. Au début, les gens, impatients, se haussent sur la pointe des pieds. Mais tandis que le temps passe, le calme revient. Au milieu de la route, des colombes picorent. Un chien affamé, qui les observe, se couche et s'endort.

Je commence à m'inquiéter. Ce n'est pas si long de faire le tour de la ville. Il a dû se passer quelque chose. Je repense au rêve de Kyky, à l'obscurité, aux animaux sauvages, et le froid gagne mes veines.

Mère me donne un coup de coude.

– Regarde !

Sur les marches du palais, Horemheb tend le doigt vers le temple.

– Ils reviennent ! hurle-t-il. Reculez tous !

Nous nous tassons sur le bord de la route, impatients. J'entends le martèlement des sabots. L'excitation m'envahit. Je me hausse sur la pointe des pieds, moi aussi, et je m'étire pour mieux voir.

J'entends le bruit lointain des roues. Des nuages de poussière arrivent jusqu'à nous, comme une tempête de sable. Des cris. L'odeur de la sueur des chevaux. Les colombes s'envolent dans un mouvement de panique. Le chien se réveille et se faufile à travers la foule.

La route est dégagée.

Soudain, les voilà. J'aperçois Maya en tête, accroupi, si penché en avant qu'il touche presque la croupe de Bes et de Râ. Mais Kyky le talonne et ne tardera pas à le rattraper. Quand ils arrivent à notre hauteur, ils sont lancés à plein galop. Tout m'apparaît flou sous l'effet de la vitesse : les chevaux, les chars, la poussière. La ligne d'arrivée est tout près. Sur les marches du palais, Horemheb s'apprête à frapper le gong.

La poussière se disperse assez pour que l'on puisse voir Kyky prendre la tête. Les chevaux de Maya fatiguent. Il gesticule pour les encourager, mais la course est jouée. Le roi va gagner. Nous rions tous de plaisir. Des applaudissements fusent.

Puis c'est l'accident, le fracas du bois qui explose, suivi d'un silence abasourdi. Cela n'aurait jamais dû arriver. Certains crient. La foule pousse et tire dans différentes directions.

– Est-ce qu'il y a un blessé ? crie mère.

Je suis tellement terrifiée que je n'ose pas regarder.

Un char est renversé au milieu de la route. Deux chevaux luttent pour se relever. Quand je prends conscience que ce ne sont pas Bes et Râ, je laisse échapper un sanglot de soulagement. Mais si ce n'est pas Maya, c'est Kyky.

– Non, Lysandra, reste là, me supplie mère.

Je m'arrache à son étreinte et j'arrive près du char en même temps que Maya. Kyky, éjecté de son véhicule, gît à quelque distance, le visage dans la poussière. Les gens s'attroupent autour de lui sans savoir que faire ni s'il faut le déplacer.

Nul ordre ne parvient des marches du palais. Aÿ ne s'est pas levé de sa chaise. Horemheb, à côté, lui parle avec colère.

C'est Maya qui donne les ordres :

– Portez-le à l'intérieur, dit-il aux hommes les plus costauds qui l'entourent. Faites attention à sa tête et à ses jambes.

Tandis qu'ils soulèvent Kyky, nous découvrons l'étendue de ses blessures. Sa jambe forme un angle étrange. Il a une entaille à la tête. Mais il ouvre les yeux, il est vivant !

Tombant à genoux pour remercier les dieux, j'aperçois la roue du char dans la poussière. Je me demande pourquoi personne n'a remarqué que deux rayons étaient cassés. L'ensemble est irréparable.

J'étais là, ce matin, lorsque Roti l'a inspecté une première, puis une seconde fois. Un tel dommage n'a pas pu lui échapper. Il n'aurait jamais mis la vie du roi en danger.

« Non, jamais », pensé-je, tandis que mon regard s'attarde sur les marches du palais. Mais j'en connais d'autres qui, eux, n'hésiteraient pas. Si le pharaon meurt, Aÿ est le premier dans l'ordre de la succession. Ce qui signifie, me dis-je amèrement, que pour son ambitieux parrain, il vaut mieux que Kyky soit mort plutôt que vivant.

Les guérisseuses s'activent auprès de Kyky toute la journée du lendemain. Depuis notre maison, nous apercevons l'incessant ballet des pots et des paniers – de l'encens frais, du tissu, des herbes et des potions. Plus je pense à la roue droite arrachée, plus je suis persuadée qu'elle a été sabotée. Aÿ, pressé de désigner un coupable, a trouvé un bouc émissaire idéal en la personne du pauvre Roti, qui a été traîné hors des écuries et fouetté avec son propre fouet.

Alors que nous installons les volets protégeant du soleil de midi, Maya nous apporte des nouvelles qui renforcent mes soupçons.

– L'entaille à la tête est profonde, elle va jusqu'à l'os. Ils ont ficelé sa jambe au cas où elle serait fracturée. Il a eu beaucoup de chance, il aurait pu mourir.

Maya fait partie des rares personnes autorisées au chevet de Kyky. Ce n'est pas aussi drôle que jouer à se bombarder de grenades ou à chasser les autruches, mais il fait preuve d'un dévouement indéfectible.

– Il a de la chance d'avoir un ami tel que toi, dis-je.

– Il te demande, Lysandra.

Mère me fixe. Un frisson me parcourt. Je suis certaine qu'il veut me parler de son rêve.

La chambre de Kyky est située dans la partie la plus fraîche du palais. Elle bénéficie de la brise qui vient de la rivière, et comme elle est exposée au nord-est, elle ne reçoit le soleil qu'aux premières lueurs de l'aube.

Kyky est réveillé. Ses yeux sont d'un noir d'encre à cause des médicaments qu'il prend, même si je ne suis pas sûre qu'ils soient très efficaces. Il est agité et irritable.

– Laissez-nous ! lance-t-il aux guérisseuses accroupies dans un coin de la pièce.

Il attend d'être absolument certain que nous soyons seuls pour reprendre la parole, et il baisse malgré tout la voix. Il semble craindre d'être espionné...

– Lysandra, cette discussion sur mon rêve, tu n'en as parlé à personne, n'est-ce pas ?

– Juste à Maya, dis-je. J'ai pensé qu'il était déjà au courant.

– Bien. Je ne veux pas que les gens me croient faible.

– Faible ? m'exclamé-je, surprise.

Je croise le regard tout aussi surpris de Maya.

– Il n'y a aucune honte à lire les rêves. C'est une tradition aussi ancienne que les collines...

Kyky m'interrompt :

– C'est une fenêtre sur l'autre monde, oui, je sais. Mais tout le monde me croit mourant.

– Tu m'as dit que la porte de ton rêve était fermée, lui rappelé-je. Tu n'es pas encore prêt pour ce voyage.

– Ah ! Mais je ne suis pas passé loin, hier.

Il est vrai que certains détails de son rêve m'inquiètent. Quelque chose le menace. Ou quelqu'un.

– Peut-être que l'accident d'hier n'en était pas un, en fin de compte.

Kyky fronce les sourcils.

– Le garçon d'écurie a été négligent, d'après ce qu'on m'a dit.

– Ce n'était pas sa faute, protesté-je. Il a inspecté ton char avant la course, il était en parfait état. Quelqu'un a dû intervenir.

Je jette un regard à Maya dans l'espoir qu'il opine du chef. Mais il arpente la pièce, vif et nerveux comme un serpent. Il s'arrête devant l'une des fenêtres et nous fait signe de nous taire. Je retiens mon souffle tandis qu'il tend l'oreille, puis ouvre les volets d'un geste brusque. Nous entendons un bruit de pas qui détalent.

– Kyky a raison, déclare Maya. Il ne faut plus parler des rêves.

Nous ne reparlons pas non plus de l'accident. Avant la fin du jour, Kyky boitille à travers le palais comme si rien n'était arrivé. Il s'est taillé un nouveau bâton de marche. Le bruit court qu'il essaie de s'impliquer davantage dans les affaires du royaume. Je me demande ce qu'Aÿ et Horemheb pensent de ce changement.

Une nuit, Maya me prend à part dans la lumière orangée du feu de mère.

– Ils ne l'écoutent pas, avoue-t-il. Toutes les décisions sont prises par Aÿ ou par Horemheb. Quand ils n'arrivent pas à tomber d'accord, ils soudoient Kyky pour qu'il les soutienne.

– Mais tu assistes aux réunions, toi. Tu ne peux pas intervenir pour lui ?

– Je ne vais plus y participer. Dès demain, je pars dans le désert chercher un emplacement pour le tombeau de Kyky.

L'inquiétude s'empare de moi.

– Est-il à nouveau malade ?

Maya secoue la tête.

– Il cicatrise bien. Mais Aÿ dit que les travaux auraient dû commencer depuis des années. Il en faut du temps et de la sueur pour construire un tombeau digne d'un pharaon !

C'est vrai, la mère de Kyky, son père et sa grand-mère bien-aimée ont tous bénéficié de somptueuses chambres dorées creusées dans le sol du désert. Leur voyage vers leur nouvelle vie a dû être confortable et facile. Maya a raison de vouloir le même luxe pour Kyky.

Cependant, je ne peux oublier que l'idée vient d'Aÿ. La roue brisée du char, les oreilles qui traînent près de la fenêtre, l'édification d'un tombeau. Rien n'est ce qu'il paraît.

Après quelques jours de recherches, Maya trouve le lieu idéal pour le tombeau. Il revient au coucher du soleil, épuisé mais ravi.

– À quoi ressemble l'endroit que tu as choisi ? demandé-je.

– Je vais te montrer, me répond-il, à ma grande surprise.

Mère insiste pour que j'enfile des sandales à cause des scorpions et des serpents. Je n'aime pas sentir mes pieds enfermés, mais c'est un petit prix à payer. Depuis le rêve de Kyky, je me méfie de toutes les morsures.

Au-delà des murailles de la ville, le désert s'étend à perte de vue. Nous partons vers l'ouest, en direction d'un vallon où coulait autrefois une rivière. Aujourd'hui, c'est une vallée sèche aux flancs rocheux. Je connais l'endroit, ce n'est pas loin de Thèbes. C'est là que reposent les hommes et les femmes de pouvoir après leur mort, afin qu'ils commencent leur voyage vers l'au-delà.

Maya marche à grands pas rapides, je ne cesse de lui demander de ralentir. Nous descendons sur un chemin taillé dans la roche par les ouvriers qui travaillent pour lui.

– Où allons-nous ? demandé-je lorsque nous arrivons à l'endroit où la vallée se divise.

– À l'est, me répond-il.

Je suis surprise : les tombeaux sont souvent orientés à l'ouest afin de recevoir les dernières lueurs du soleil couchant.

Après une montée abrupte, je découvre le lieu choisi par Maya. Il est situé à quelques centaines de coudées de hauteur par rapport au fond de la vallée, en retrait du bord. Ici et là, des cordes et des paniers témoignent du début des travaux, qui sont déjà bien avancés : j'aperçois des marches taillées dans la roche. La vue sur la vallée est magnifique. Je suis fière de mon frère. C'est un endroit idéal pour reposer en paix. Il sourit en secouant la tête, comme si j'avais mal compris.

– Ce n'est que le début, dit-il. Si je ne me suis pas trompé dans mes calculs, le plus beau viendra du soleil.

TROISIÈME PARTIE

« Les ombres bougent, mais l'obscurité demeure. »
Howard Carter, archéologue

8

Cette nuit-là, dans mon lit, ce fut une vraie tempête sous mon crâne. « Tu as réussi, Lil, me répétais-je. Tu as trouvé la traduction. » Mais l'histoire de Lysandra ne semblait pas finie. Il n'y avait aucune mention de la mort de Kyky ni de ses funérailles ou de son enterrement, ce qui me laissait penser qu'il manquait encore la fin du texte.

Et puis, il y avait la malédiction. Les blessures de Kyky rappelaient par trop celles du journaliste du *Washington Post* qui avait eu un accident de voiture. Blessure à la tête, fracture aux jambes – ce ne pouvait être une coïncidence. Quiconque s'intéressait de trop près à l'histoire de Toutânkhamon risquait d'attirer sur lui la malédiction. Et nous aussi.

Je restais allongée, le cœur battant. Au moins, le texte fournissait de précieuses indications sur l'emplacement du tombeau de Kyky. À en croire la presse, les fouilles de M. Carter se déroulaient au fond de la vallée, tandis que Maya avait choisi un site en hauteur. Cela parlait en faveur de l'existence de deux tombes, et non d'une seule.

Cela me paraissait curieux que M. Carter lui-même n'en ait rien su. Mais le professeur n'avait-il pas dit qu'il avait dénigré le vase, et l'avait taxé d'« insignifiant » ?

Comme il s'en mordrait les doigts s'il savait !

Pourtant, les journaux l'avaient déjà hissé au rang de héros national. Je me rappelais les paroles de grand-papa : « Le roi Louis XIV avait reçu le surnom de Roi-Soleil parce qu'il se croyait aussi important que l'astre. Quel était son but dans la vie ? D'éblouir tout le monde. Mais n'oublie jamais, Lily, que sous ses perruques et ses brocarts dorés, ce n'était qu'un homme… un homme aux pieds plats et à la mauvaise haleine. Ce Howard Carter est comme le Roi-Soleil. Tout le monde croit que c'est un explorateur courageux et intrépide, mais c'est un sournois, crois-moi. Il cache bien des secrets. »

Je me demande comment M. Carter réussit à ne pas se trahir. Garder notre plan secret, ne serait-ce que deux jours, m'épuisa.

– Il ne te plaît pas, ce dernier bout de patate, Lil ?

me demanda papa, alors que nous finissions notre rôti du dimanche midi.

– Si, si.

Je m'empressai de le fourrer dans ma bouche avant qu'il ne me le prenne. Le repas avait été délicieux. De l'agneau, des pommes de terre cuites avec du lard, des carottes, des petits pois en conserve, une sauce épaisse et onctueuse. Maman était douée pour préparer les rôtis, mais celui-ci était aussi soigné que pour un jour de fête. Même moi qui avais la tête farcie d'Égypte, je n'avais pas manqué de le remarquer.

Le repas terminé, je descendis laver les plats au robinet de la cour. Lorsque je remontai, je trouvai papa et maman en pleine discussion. Comme la porte de la cuisine était entrebâillée, je laissai traîner mon oreille.

– Elle pourrait venir avec nous, Reg, disait maman. Ce serait bien d'y aller en famille.

– Et ses devoirs de classe ? protesta papa. St Kilda n'acceptera pas qu'elle prenne du retard. Je me demande parfois si elle a vraiment conscience de sa chance.

Je fronçai les sourcils. St Kilda, encore et toujours St Kilda. Les efforts que je devais fournir, la reconnaissance que j'aurais dû éprouver… Est-ce qu'il pensait parfois à autre chose ? C'est alors qu'il ajouta :

– Nous étions d'accord pour ne jamais lui en parler, tu te souviens ?

– Elle est grande, maintenant, fit observer maman.

Je me figeai. De quoi parlaient-ils ? Cela ne semblait pas concerner St Kilda, cette fois.

La porte de la cuisine s'ouvrit en entier. Papa en sortit, m'aperçut et, l'espace d'un instant, parut presque perdu.

– Ah, tu es là ! s'exclama-t-il, se forçant à sourire.

Ses mains tremblaient. Voyant que je l'avais remarqué, il les fit disparaître dans ses poches.

– Les plats sont propres, marmonnai-je.

– Tu es une brave fille. Ta mère et moi, nous sortons nous promener. Il vaut mieux que tu restes réviser tes leçons.

À peine étaient-ils partis que je m'écroulai sur mes manuels. Impossible de me concentrer. J'étais trop soucieuse de savoir où ils se rendaient. Ils ne sortaient jamais tous les deux ensemble. Mon père allait au pub le vendredi soir et, une fois par mois, maman jouait au *crib* avec ses collègues d'Uniprix, ça s'arrêtait là.

La seule idée qui me venait à l'esprit, c'est qu'ils étaient allés rendre visite à grand-papa, bien que ce fût peu probable. Papa et lui ne supportaient pas de se trouver dans la même pièce. Cela ne faisait que redoubler mon inquiétude. S'ils étaient vraiment partis pour l'hôpital, c'était que grand-papa se mourait et que papa voulait faire la paix avec lui.

Les larmes aux yeux, je me levai et enfilai mon paletot. Si grand-papa était si mal en point, je devais le voir aussi. Je voulais qu'il sache que je ne ménageais pas mes efforts pour renvoyer le vase en Égypte, avec l'aide de mes amis. S'il pouvait tenir ne serait-ce que quelques jours… En revanche, comment j'allais me débrouiller pour le lui dire en présence de mes parents, ça, je n'en savais rien.

Une fois dans la rue, je ne mis pas longtemps à repérer mes parents. Je m'apprêtais à courir pour les rattraper lorsque je remarquai qu'ils avaient déjà dépassé l'arrêt de bus. Ils n'allaient donc pas à l'hôpital. Mais mon soulagement se mua rapidement en perplexité. Ils devaient bien se rendre quelque part… mais où ?

Swithin's Street était remplie d'enfants à vélo ou qui jouaient à la marelle sur le trottoir. Après plusieurs semaines de grand froid, le temps était au beau fixe. Des gens discutaient sur le pas des portes, deux chats s'étiraient au soleil sur un muret. C'était un après-midi idéal pour la flânerie.

Pourtant, mes parents ne flânaient pas. Mon père marchait si vite que maman devait régulièrement courir pour ne pas se laisser distancer et moi – qui les suivais – aussi. Alors que je sentais venir un point de côté, papa tourna dans St Mary's Lane, une petite rue qui passait derrière une coutellerie et se terminait en impasse sur une église, son cimetière et son couvent.

Nous n'allions jamais à l'église en famille. Un jour, lorsque j'avais demandé pourquoi, papa m'avait répondu : « Parce que Passchendaele[1]. Aucun dieu n'aurait permis une horreur pareille. »

Ce jour-là, pourtant, mes parents allaient à St Mary. Où d'autre auraient-ils pu aller ? C'était un endroit un peu étrange. Coincée entre le mur de la coutellerie d'un côté et le couvent de l'autre, l'église disposait du cimetière le plus luxuriant qui eût jamais existé. Pendant la Grande Peste, c'était une fosse où l'on jetait les morts. De nos jours, il était fréquenté par les ouvriers de la coutellerie qui profitaient d'une pause pour s'en griller une ou alors des couples qui venaient s'embrasser. Mais pour autant que je sache, cela ne pouvait pas concerner mes parents. Ils ne venaient pas non plus se recueillir sur une tombe : tous les morts de la famille étaient enterrés dans le grand cimetière situé près de Heath.

---

1. La bataille de Passchendaele (Belgique), pendant la Première Guerre mondiale, a coûté la vie de 240 000 Britanniques *(N.d.T.)*.

Le temps que j'arrive devant St Mary, ils étaient déjà entrés dans le cimetière. Papa, qui avait ralenti, serrait la main de maman dans la sienne, et je pris conscience qu'ils préféraient sans doute être seuls. Je me cachai derrière le poteau du portail.

De chaque côté de l'allée se trouvaient d'anciennes tombes écroulées dans l'herbe épaisse ou à moitié ensevelies dans la terre. J'avais hâte de savoir devant laquelle ils allaient s'arrêter. Un ami de l'armée de papa était-il enterré là ? On entendait souvent parler d'hommes qui étaient revenus vivants de la guerre mais qui, bien qu'entourés de leur famille, n'avaient jamais pu guérir de leurs blessures.

Ils n'allèrent pas très loin. Maman dit quelques mots à papa, qui ôta son chapeau et le tint à la hauteur de sa poitrine. Puis il lui parla, mais je ne pus entendre sa voix, couverte par le bruit des corbeaux, du tram qui passait dans la rue principale et des cris de quelqu'un qui appelait son chat dans un jardin voisin.

Le plus étrange, c'était que ni l'un ni l'autre ne regardaient vraiment la tombe, mais qu'ils fixaient le mur blanchi à la chaux derrière lequel se trouvait le couvent. Ils me parurent différents de d'habitude, moins usés, habités d'une émotion si profonde qu'ils en tremblaient. Cela m'effraya plutôt. Je ne les avais jamais vus réagir à quoi que ce soit avec une telle intensité.

Ils ne s'attardèrent pas. Lorsqu'ils passèrent devant ma cachette en sortant, je me figeai à l'idée qu'ils me découvrent. Mais ils étaient si plongés dans leurs pensées qu'ils ne levèrent même pas les yeux du chemin. Pendant le trajet de retour, ils restèrent silencieux. Je les suivais à une distance raisonnable. Puis, arrivés dans notre rue, ils s'arrêtèrent devant le pub.

– Un petit xérès avant la fermeture ? entendis-je papa proposer à maman.

C'était assez culotté, il faut l'avouer. Les femmes de notre milieu n'allaient pas au pub. À écouter maman, c'était un lieu où les hommes se réfugiaient pour fuir leur femme, et où les femmes étaient heureuses d'envoyer leur mari. Mais ce xérès fut un cadeau du ciel, parce que cela me permit de rentrer à la maison avant eux.

Ils furent absents longtemps, si longtemps que je ne pus m'empêcher de gamberger et de penser au lendemain et à ce télégramme que je devais envoyer. Le bureau de poste n'ouvrant pas avant neuf heures, je devrais rater la première heure de cours. Mon uniforme de St Kilda, je l'avais appris à mes dépens, manquait de discrétion. Mais cette fois, je ne prendrais aucun risque. Maman avait une jupe noire toute simple que je pouvais lui emprunter, quitte à me changer ensuite.

La chambre de mes parents ne m'était pas à proprement parler interdite, mais c'était leur intimité. Elle sentait maman, l'huile capillaire de papa et parfois, si la fenêtre n'avait pas été ouverte depuis longtemps, le repas de la veille. C'était l'une des deux seules pièces de taille correcte de l'appartement. À peine en avais-je franchi le seuil, sur la pointe des pieds, que la culpabilité fondit sur moi. Maman m'aurait volontiers prêté sa jupe si je la lui avais demandée, mais elle aurait voulu savoir pourquoi j'en avais besoin.

Dans le coin de la pièce, un rideau masquait les quelques vêtements de mes parents suspendus à des crochets. C'était là que se trouvait la jupe noire, si usée que le tissu en était devenu luisant. Mon attention se porta sur la petite valise en carton de maman posée par terre. Elle était couverte de poussière car personne ne l'utilisait jamais. En la voyant, je pensai à Tulipe et à Oz qui, au même instant, devaient être occupés à préparer leurs bagages. J'éprouvai une pointe d'envie, mêlée d'inquiétude et d'exaltation, à l'idée de notre plan fou. Tout en décrochant la jupe, je me laissai aller à imaginer, pour quelques secondes seulement, que je partais avec eux, et que j'étais venue chercher la valise de maman.

Je la soulevai, juste pour voir. Le cuir sec de la poignée crissa, mais cela n'entama pas mon enthousiasme. Je me voyais déjà en train de la hisser dans un train ou dans un bateau, et d'y apposer les étiquettes de tous les pays que nous traversions. Je ne fis pas attention que les fermoirs n'étaient pas bouclés, et le couvercle s'ouvrit tout grand en me heurtant le tibia.

– Ouille ! m'exclamai-je en portant la main à ma jambe.

Un petit papier vola par terre. Je crus que c'était un reçu ou un ticket, mais lorsque je le ramassai, je lus :

GARÇON 3,900 KG
Né le 19 novembre 1899
Couvent de St Mary
Islington, Londres

Une étrange émotion m'envahit. Je devinai que je n'aurais jamais dû découvrir ce papier. Au vu de la poussière, il se trouvait dans la valise depuis des années. Et ce n'était sans doute pas un hasard si nous étions aujourd'hui le 19 novembre, le jour de l'anniversaire du bébé.

Était-ce pour cette raison que mes parents s'étaient plantés face au couvent de St Mary, l'air bouleversé ? Était-ce la raison de ce repas spécial ?

Je n'en savais fichtre rien, mais j'étais abasourdie. Un mystère ! Au sein de ma propre famille !

Des bruits de pas résonnèrent dans l'escalier.

Prise de panique, je replaçai la valise, attrapai la jupe noire et courus. Je me jetai dans ma chambre à l'instant où la porte d'entrée s'ouvrit. Papa et maman ôtèrent leurs manteaux et leurs chapeaux, puis gagnèrent la cuisine d'un pas las, laissant derrière eux des effluves de xérès et de tabac. Je les rejoignis après avoir caché la jupe noire sous mon lit.

– B'soir, chérie, dit maman en m'apercevant sur le seuil. Je vais préparer un p'tit thé, ça nous fera du bien…

– Elle a bien travaillé, regarde, déclara papa avec fierté, en désignant mes livres sur la table de la cuisine.

– Oui, acquiesçai-je.

Ce n'était qu'un demi-mensonge. Il me vint d'autant plus facilement que je n'étais plus la seule à faire des cachotteries.

9

Le lendemain, je me rendis de bonne heure à la poste. Je choisis exprès un bureau situé près de chez Tulipe. Je ne voulais pas courir le risque de croiser quelqu'une de mes connaissances, affublée de la jupe noire de maman, et couverte de sueur.

– C'est deux sous les neuf premiers mots, m'indiqua la femme derrière le comptoir en me toisant avec hauteur. Puis un sou le mot.

Je priai pour qu'elle ne devine pas que je n'avais jamais envoyé de télégramme de ma vie. Sans le chapeau du collège, je pouvais passer pour une secrétaire débutante – une secrétaire très jeune, aux mains très moites. Je m'efforçai de penser à Tulipe qui, je le savais, aurait été pleine d'assurance, souriante, et n'aurait pas hésité à fixer la dame dans les yeux. Je tentai de m'en inspirer.

– Voilà pour vous, dis-je en donnant mes petites pièces.

Elle compta la monnaie, puis me tendit le formulaire. Neuf mots, c'était peu. Je me décidai pour CHANGEMENT DE PROGRAMME – *STOP* – PARTEZ POUR LOUXOR – *STOP* – BILLETS SUIVENT – *STOP*

Je signai : M. PEMBERTON.

Lorsque j'eus fini, la dame de la poste le vérifia avant de l'envoyer. Je tapai nerveusement du pied en rythme avec la machine.

– Quand est-ce qu'il arrivera, s'il vous plaît ?

Elle jeta un regard à sa montre.

– Trente minutes, j'dirais.

Je n'en revenais pas que ça ait été si facile, ni si rapide.

Je déchantai vite, en vérité. Je n'avais pas parcouru la moitié de la rue lorsque j'entendis les annonces d'un vendeur de journaux. J'aurais sans doute éprouvé un moins grand choc si j'avais lu les gros titres au petit déjeuner mais, ce matin-là, j'étais trop excitée pour m'y intéresser.

– « Carter a trouvé les marches du tombeau ! L'étau se resserre autour du roi Toutânkhamon ! »

La panique me gagna. Il avait trouvé le tombeau officiel – du moins son entrée. Voilà le genre d'événement dont je me serais bien passée ! Combien de temps encore avant qu'il ne pénètre à l'intérieur ? Sur qui, et quand, allait s'abattre la malédiction ?

Je ne pouvais me débarrasser du sentiment qu'une menace planait sur nous. L'inconvénient d'avoir lu le texte de Lysandra, c'était que je voyais maintenant des signes partout. Pourvu seulement que Tulipe s'en soit sortie aussi facilement que moi...

Lorsque j'arrivai à Makepeace Avenue, il était presque dix heures. J'étais venue confier à Tulipe le vase et les textes du professeur. Par chance, ce fut elle qui m'ouvrit la porte. Elle m'attrapa par la manche et me tira à l'intérieur.

– As-tu entendu les nouvelles de ce matin ? demandai-je.

Elle hocha la tête, un doigt sur les lèvres, et me poussa vers la bibliothèque. Puis elle en referma la porte et s'y adossa. Elle avait l'air plutôt sombre. Je m'assis sur le canapé, à côté d'Oz, qui rongeait la peau autour de ses ongles.

– Que se passe-t-il ? Le télégramme est-il arrivé ?

– Oui, confirma Tulipe. Mais il a plongé maman dans une grande agitation.

Mon estomac se noua.

– Je croyais qu'elle rêvait d'aller à Louxor ?

– Oui, oui, naturellement, s'empressa de me rassurer Tulipe. Simplement, cela lui a fait un choc de voir le télégraphiste en uniforme, avec sa bicyclette rouge. Cela lui a rappelé, et à nous aussi, le jour où nous avons reçu la nouvelle de la disparition d'Alex.

Je me sentis coupable de ne pas y avoir songé ; Tulipe, visiblement, aussi.

Elle poursuivit néanmoins :

– Je suis allée chercher les billets. Je dirai à mama que le *Washington Post* les a envoyés.

S'emparant d'une enveloppe posée sur la table, elle l'agita triomphalement.

– Train jusqu'à Athènes, bateau pour rejoindre Le Caire, et un second pour Louxor ! J'ai même réservé des chambres au Winter Palace. Et j'ai les billets de retour, trois semaines plus tard.

Je laissai échapper un sifflement. C'était incroyable ce qu'on pouvait accomplir avec de l'assurance, le ton adéquat et un coup de téléphone. Tulipe était phénoménale. J'étais si impressionnée, et si reconnaissante, que j'en perdis mes mots.

– C'est... Ce que je veux dire... Merci pour tout, balbutiai-je.

– Ne fais pas de manières, Lil, dit-elle, malicieuse. Ce n'est pas ton style !

J'étais certaine que seule, je n'aurais rien pu faire.

– Et si votre mère découvre qu'elle a tout payé ? demandai-je, ne pouvant croire que ce fût si simple. Ne va-t-elle pas être folle de rage ?

Tulipe leva les yeux au ciel.

– Je te l'ai dit : j'ai tout mis sur le compte du *Washington Post*, comme chaque fois que je lui réserve un train.

Je n'aurais pas su dire si c'était du génie ou de la folie, mais notre plan délirant avait fonctionné.

– Vous partez ce soir, alors ?

– Oui, de St Pancras, confirma Tulipe. L'express continental pour Athènes est à sept heures.

Ainsi, tout était réglé. Tulipe, Oz et leur mère allaient traverser l'Europe et la Méditerranée pour rejoindre l'Égypte. Comme je les enviais, de toutes les fibres de mon corps ! Le simple fait d'imaginer que je partais avec eux m'était devenu insupportable.

Je pris une longue et profonde inspiration. Ne restait plus qu'à leur confier le vase, et mon rôle serait terminé. Ouvrant ma sacoche, je tendis la boîte à Tulipe.

– J'ai glissé les feuillets de la traduction à l'intérieur, indiquai-je.

Alors qu'elle s'avançait pour la prendre, je fus saisie d'un brusque accès de peur. Avions-nous eu raison de faire ce que nous avions fait ? Et s'il arrivait malheur au vase ou, pire, à Oz ou à Tulipe ? En leur demandant de nous aider, grand-papa et moi, n'allais-je pas attirer la malédiction sur leur tête ?

– Lil, me dit doucement Tulipe, tu peux lâcher la boîte.

– Pardon. La voici, prends-la.

Il était trop tard à présent pour reculer.

Le temps d'enfiler mon uniforme de St Kilda, il était dix heures et demie lorsque je laissai Tulipe. Je voulais arriver discrètement entre deux cours. J'avais espéré qu'elle viendrait avec moi, mais elle refusa avec la plus grande fermeté :

– Impossible ! Je dois préparer mes bagages !

C'était curieux comme elle perdait toute assurance dès qu'il s'agissait du collège. J'eus l'impression qu'elle en rajoutait. Les préparatifs me parurent un prétexte ; je soupçonnai une autre raison à son refus, qu'elle ne voulait pas me dire.

À St Kilda, je pus traverser la cour et longer le couloir jusqu'à la classe d'anglais sans qu'aucun regard s'attarde sur moi. Par malchance, je fus repérée par Millicent Thorpe, la fille à qui jamais rien n'échappait.

– Regarde un peu qui voilà, dit-elle à l'une de ses ombres – je ne connaissais pas le nom de ses amies, je savais seulement qu'elles suivaient Millicent où qu'elle aille.

Je m'interdis de réagir. Et pendant un moment, j'y parvins tout à fait. Le cours commença, Mlle Parker annonça une nouvelle compo d'orthographe – pas mon passe-temps préféré, je l'avoue, mais pour une fois, je m'appliquai à écrire la liste complète des vingt mots, et fis même quelques dessins dans la marge en guise de bonus. J'étais décidée à ne pas me laisser abattre.

Le professeur demanda à Geraldine, une fille du premier rang, de ramasser les copies. Nous fûmes autorisées à bavarder pendant quelques minutes.

– Comment se porte ta nouvelle amie, Lilian ? me lança Millicent d'un ton faussement amical.

Je l'ignorai.

– Est-ce qu'elle est amie avec la fille à la peau foncée ? demanda sa voisine. Celle qui ne vient jamais au collège ? Je les ai vues ensemble dans le bus, samedi.

Je sentis le rouge de la colère me monter dans le cou.

– Tulipe Mendoza ?

C'était Millicent.

– Quel nom ridicule, vous ne trouvez pas ? Et vous avez vu ses cheveux bouclés ?

Je me retournai brusquement sur ma chaise. Les chuchotis s'interrompirent net. Millicent croisa les bras, l'air de demander : « Qu'est-ce que tu regardes ? »

Je me remis face au tableau. Elles pouvaient dire tout le mal qu'elles voulaient sur moi, mais cela me contrariait qu'elles s'en prennent à Tulipe. Je ne remarquai pas la présence de Geraldine près de mon pupitre avant qu'elle demande à voix haute :

– Est-ce que je ramasse la copie de Lilian Kaye, mademoiselle ? Elle a dessiné dessus.

Avant que je puisse l'en empêcher, elle s'empara de ma feuille et la tendit à Mlle Parker pour qu'elle pût en juger. Il n'y avait qu'un gribouillis ou deux – de Néfertiti – mais le silence tomba sur la classe. Vingt paires d'yeux me scrutèrent, comme si j'avais commis un crime.

– Si vous avez souillé votre copie, Lilian, déclara Mlle Parker sans exprimer la moindre émotion, vous resterez après la classe pour refaire votre travail.

Je n'avais pas voulu pousser un grognement aussi fort. Tout le monde retint son souffle. Je sus alors que j'avais passé les limites ; les élèves de St Kilda n'étaient jamais insolentes.

Derrière moi, une des amies de Millicent chuchota :

– Tu vas aller voir ton amie, ce soir ?

– Je ne comprends pas ce qu'elle peut te trouver, ajouta Millicent. Elle est pleine aux as. Enfin, vous savez ce qu'on dit des étrangers, et Mendoza n'est pas un nom angl...

Ce fut la goutte de trop. Je me levai d'un mouvement brusque, repoussant ma chaise si fort qu'elle crissa sur le sol. Lorsque je me plantai devant le pupitre de Millicent, elle avait encore aux lèvres son petit rictus moqueur. Je lui agrippai les cheveux. Elle poussa un cri. Donna des coups de pied. Me cria de la lâcher.

– Si tu dis encore un mot sur Tulipe, lui jetai-je au visage, je t'arrache tes nattes.

– Tu es folle à lier ! On devrait t'enfermer ! cria-t-elle.

– Et toi, tu es une sale peste. Mais tu ne me fais pas peur, et à Tulipe non plus. Elle a plus de courage dans son petit doigt que toi et toutes les niaises qui te servent d'amies.

J'aurais continué longtemps si Mlle Parker n'avait pas vociféré mon nom à pleins poumons.

Je me retrouvai dans le bureau de la directrice. Je me sentais misérable, mais mon seul vrai regret était de ne pas avoir tenu tête à Millicent Thorpe plus tôt. C'était certainement à cause de petites terreurs comme elle que Tulipe détestait aller au collège.

– Qui vous envoie ? demanda Mme Emerson-Jones d'une voix traînante, depuis le sarcophage qui lui servait de bureau.

– Mlle Parker.

– Et vous êtes ?

– Lilian Kaye, madame.

– Quel est votre tort ? s'enquit-elle avec ennui.

– De m'être battue, madame.

– Battue ?

Elle m'observa avec un intérêt nouveau.

– Vous êtes une de nos élèves boursières, n'est-ce pas ?

Je compris le raccourci qu'elle avait fait. Que mes origines défavorisées expliquaient que j'aie attrapé Millicent Thorpe par les cheveux. Ce n'était pas le comportement d'une jeune fille de bonne famille.

– Ce n'est pas moi qui ai commencé, dis-je. Elles disaient des méchancetés sur Tulipe Mendoza.

Mme Emerson-Jones m'interrompit :

– Tulipe ? La jeune fille qui refuse de venir en cours ?

– Oui, madame. Et je crois que je sais pourquoi. Elle est maltraitée par Millicent Thorpe et ses camarades.

Mme Emerson-Jones me considéra avec la même incrédulité que si j'avais prétendu que le ciel était vert.

– Maltraitée ? Ici, à St Kilda ? Voilà qui m'étonnerait fort !

– C'est pourtant la vérité, madame, insistai-je. Et Tulipe est mon amie, vous comprenez. Je ne pouvais pas rester sans réagir !

– Dans mon collège, c'est ce que j'attends de vous, rétorqua-t-elle. Vous auriez dû présenter la joue gauche.

Mais moi, on m'avait appris à ne jamais dénigrer personne en raison de sa différence. Sans doute grand-papa avait-il développé cette ouverture d'esprit grâce à ses voyages, et papa parce qu'il avait combattu à l'étranger pendant la guerre.

On ne devait jamais tourner quelqu'un en ridicule à cause de ses cheveux ou de sa peau, parce qu'il portait des lunettes ou qu'il vivait dans un quartier mal famé. C'était profondément injuste.

– Millicent se moquait de la peau foncée de Tulipe, ce n'est pas acceptable, de qui que ce soit.

– N'y avait-il pas un professeur dans la salle ? me coupa-t-elle sèchement. Ne pouviez-vous pas vous adresser à elle ?

Je haussai les épaules, malheureuse.

– Sans doute, mais on m'aurait traitée de rapporteuse.

– Et vous avez préféré régler vos comptes comme un petit voyou ! s'exclama Mme Emerson-Jones. C'est un comportement qui ne sera pas admis dans ce collège, vous m'entendez ?

Mon cœur chavira. Nulle d'entre nous n'ignorait quel était le châtiment réservé à celles qui se battaient, et tandis qu'elle ouvrait le tiroir de son bureau, je fermai les yeux. Je ne voulais pas voir la taille de la badine.

La directrice traversa la pièce pour se planter devant moi. Mon estomac était noué, et l'effluve fleuri de son parfum me donnait la nausée.

– Main gauche, ordonna-t-elle.

Je la tendis paume ouverte. C'était ainsi que procédait M. Watkins, notre maître à l'école – même si son assistant, M. Crosby, tapait sur les doigts avec une règle en métal. Les deux méthodes étaient douloureuses ; j'avais vu plus d'une fois des élèves revenir en classe en cachant leur main sous leur bras, refoulant leurs larmes.

– Pas comme ça, s'impatienta Mme Emerson-Jones.

Elle me prit la main et me fit serrer le poing.

Je gardai les yeux soigneusement fermés. La badine s'abattit sur mes articulations. La douleur fut incandescente. Comme une brûlure. Mme Emerson-Jones frappa une deuxième fois. Puis une troisième. Elle s'arrêta, et la douleur grandit en intensité. J'avais l'impression que ma main avait été plongée au milieu des flammes.

Lorsque j'osai relever les yeux, la directrice était retournée derrière son bureau comme si de rien n'était. Seul restait le témoignage de trois marques blanches sur le dos de ma main. La douleur était si vive qu'elle m'arracha des larmes.

– Retournez en classe, dit-elle.

Et tandis que je me dirigeais vers la porte, elle m'asséna le coup le plus dur :

– Vos parents seront informés de votre inconduite par le courrier de l'après-midi.

Des marques sur la main n'étaient pas difficiles à cacher ; une lettre était une autre affaire. Papa allait avoir une crise d'apoplexie. Il me punirait, me priverait de mes quelques sous d'argent de poche. Mais surtout, il serait déçu. La fille sage toujours plongée dans ses livres se transformait en rebelle, et je n'étais pas certaine que ce serait de son goût.

10

Lorsque j'arrivai à la maison, papa m'attendait. Il avait l'air plus triste que fâché et, l'espace d'un instant, je pus espérer que la lettre de Mme Emerson-Jones n'était pas encore arrivée. Puis je vis qu'il la tenait à la main.

– Réglons la question tout de suite, veux-tu ?

Je m'assis à la table de la cuisine. Mon père resta debout. Il était en bras de chemise, ses avant-bras étaient couverts de suie. Il avait chargé le poêle, ce qui n'arrangeait jamais son humeur. J'aurais aimé que maman soit là. Elle avait le don d'apaiser la fureur de papa, et elle se serait préoccupée de ma main, qu'elle aurait baignée dans de l'eau chaude.

– Sais-tu à quel point c'est humiliant ? me demanda-t-il, me fourrant la lettre sous le nez. Ma propre fille qui se bat à l'école ?

Il n'attendait pas de réponse, heureusement. C'était plus facile de fixer la salière.

– Qu'as-tu fait ? demanda-t-il, décontenancé. On s'est moqué de toi ?

Je secouai la tête.

– Pas de moi, non. D'une amie.

– Et tu as cru pouvoir résoudre le problème avec tes poings ?

– Elles s'en prenaient à sa couleur de peau ! m'écriai-je. C'était horrible !

– Et ton amie, qu'en a-t-elle pensé ? Ne préfère-t-elle pas se défendre elle-même ?

Je ne comprenais pas où il voulait en venir.

– Elle n'était pas là.

Il prit une profonde inspiration mais, s'il cherchait à se calmer, ce fut raté.

– Sais-tu le mal qu'on s'est donné pour que tu obtiennes cette place à St Kilda ? Pour que tu aies la chance inouïe de pouvoir aller dans un bon collège… et toi, qu'est-ce que tu en fais ? Tu la jettes par la fenêtre.

Je tressaillis intérieurement.

– Ne sais-tu pas l'importance d'une bonne éducation ? Tu es une fille, Lil, et une fille pauvre pour ne rien arranger. La vie qui t'attend dans le vaste monde promet d'être rude. Tous ces débats sur le vote des femmes, l'égalité des droits… Il y a un long chemin à parcourir, tu sais.

Il se pencha et appuya ses mains sur la table pour les empêcher de trembler.

– Je suis désolée.

– Désolée ? tempêta papa. Tu seras désolée le jour où tu quitteras le collège avec rien et que tu verras tous les emplois aller à des gars du coin qui n'auront pas une once de ton intelligence !

Je restai muette d'étonnement. Je ne m'attendais pas à voir papa prendre la défense des droits des femmes.

– Lil, je ne veux pas que tu te retrouves à vivre dans un petit appartement, à t'éreinter à un travail sans intérêt. Je veux que tu ailles à l'université. Je refuse que tu sois empêchée parce que tu viens d'un milieu pauvre ou parce que tu es une fille.

Je fronçai les sourcils.

– Moi, à l'université ?

– Pourquoi pas. Ton grand-père n'est pas le seul à savoir que le monde ne se limite pas à Londres.

Il parut soudain fatigué. Il se redressa et s'écarta de la table pour attraper son manteau.

– Tu as été punie, que cela te serve de leçon. Ta mère va bientôt rentrer. Tu pourras lui raconter toi-même ce qui s'est passé. Je vais au pub.

J'écoutai ses pas lourds décroître dans l'escalier. Dans le silence de la cuisine, mes oreilles me brûlaient. Je ne savais que penser des paroles de papa, mais j'avais le sentiment que ce n'étaient pas de simples remontrances.

À peine dix minutes plus tard, maman franchissait la porte à son tour, rouge, haletante, se tenant les côtes comme si elle avait couru.

– Que s'est-il passé ? demandai-je, soucieuse.

– Tu as reçu... une invitation, lâcha-t-elle entre deux souffles.

Je la regardai.

– Une quoi ?

– Une dame... est venue me voir au travail... Mme Mendoza. Elle m'a dit que tu avais connu sa fille au cours supérieur.

– Mme Mendoza est venue à Uniprix ?

Je me penchai en avant, oubliant ma main douloureuse. J'étais inquiète. Quelque chose avait-il mal tourné à la dernière minute ? La mère de Tulipe avait-elle bouleversé nos plans ?

– Ne prends pas cet air paniqué ! s'exclama maman en souriant. Elle m'a demandé si elle pouvait t'emmener en Égypte, à ses frais. C'est un voyage très important pour son travail, apparemment, mais sa fille refuse de partir sans toi.

J'étais stupéfaite. À quoi jouait Tulipe ? Je ne pouvais pas aller en Égypte. Je lui avais expliqué clairement pourquoi. Il me semblait cruel de devoir refuser une seconde fois.

– Cela m'a fait un choc, à moi aussi, continua maman. Tu ne m'avais jamais parlé de cette amie jusque-là...

– Désolée, marmonnai-je. C'est adorable de la part de Tulipe de vouloir m'inviter, mais je ne peux pas accepter. Papa ne voudra jamais que je rate le collège.

Maman ne m'écoutait pas.

– Attends-moi.

Quelques instants plus tard, elle revenait avec sa valise en carton.

– Ils prennent le train de sept heures à St Pancras. Mme Mendoza m'a dit que tu devais les y rejoindre.

Je n'arrivais pas à en croire mes oreilles.

– Mais papa a dit...

– Et moi, je dis, m'interrompit maman, que tu ferais bien de préparer tes bagages si nous voulons réussir à attraper le train. Viens, je vais t'aider.

Je bondis sur mes pieds avant qu'elle ne change d'avis.

– Merci ! dis-je en l'embrassant sur la joue. Oh, merci !

Me précipitant dans ma chambre, j'attrapai les vêtements qui me tombaient sous la main. Le choix était de toute façon assez maigre : des sous-vêtements, deux robes d'été défraîchies, un chandail, mon plus beau corsage, une chemise de nuit et un peigne. Je tremblais d'excitation. Je n'arrivais pas à concevoir que j'allais réellement me rendre en Égypte.

Lorsque maman posa la valise sur mon lit, le couvercle s'ouvrit en grand, et soudain nous nous retrouvâmes toutes deux face au papier où s'étalait en majuscules le mot « GARÇON ».

Le temps s'arrêta.

Je ne savais que faire, refermer le couvercle ou continuer à préparer mes bagages.

Maman fut la première à réagir. Elle lissa ses sourcils du bout des doigts, comme souvent lorsque la situation était compliquée.

– J'aurais dû le ranger dans un endroit plus discret, n'est-ce pas ? demanda-t-elle d'une voix lasse.

– C'est à toi… ce papier ?

Elle soupira. Hocha la tête.

– Tu l'as vu, maintenant. Après tout, te le dire aujourd'hui ou plus tard…

Me prenant doucement le bras, elle me fit asseoir sur le bord du lit, et prit place à côté de moi.

– Il y a des années de cela, j'ai eu un enfant…

Elle s'éclaircit la voix.

– Je n'avais que seize ans, et ton père et moi n'avions pas les moyens de nous marier. Il a été adopté par une bonne famille, qui ne pouvait pas avoir d'enfants.

Mais mon esprit était déjà en Égypte et tourné vers le voyage qui m'attendait. J'avais l'impression que maman parlait à quelqu'un d'autre que moi.

Un *frère* ?

Je la regardai avec stupeur.

– Tu as eu un enfant ?

– C'est ça, mon cœur.

Maman sortit un mouchoir et le porta à son nez.

Je ne savais pas si j'avais de la peine pour elle ou si j'étais en colère.

– Mais tu l'as donné à quelqu'un ? Tu ne pouvais pas le garder ?

Des larmes roulèrent sur ses joues.

– C'était tellement dur. Nous n'étions pas mariés. Ça ne se faisait pas d'avoir un enfant comme ça, ta grand-mère était terrifiée à l'idée de la honte qui rejaillirait sur la famille.

– Et grand-papa ?

Je ne pouvais pas croire qu'il aurait cédé à la pression de l'opinion.

– Il était en Égypte à cette époque. Il n'a rien su avant son retour, des mois plus tard. Mais nous n'avons jamais oublié cet enfant, ton père et moi.

Je ne savais quels mots trouver, ni comment consoler maman. En y repensant, je n'avais jamais vu mes parents rire aux éclats, ni paraître particulièrement heureux. Comme tout le monde, j'avais cru que c'était à cause de la guerre, mais cela venait sûrement de cet enfant qu'ils avaient dû abandonner. Peut-être était-ce à lui que pensait maman le soir près du feu.

– Comment s'appelait-il ? demandai-je.

Elle renifla, puis sourit.

– Ezra, comme son grand-père. Chaque année, le jour de son anniversaire, nous nous rendons au couvent où il est né. Juste pour lui passer un petit bonjour.

– C'est pour cela que vous êtes allés à St Mary hier, dis-je, traversée par l'évidence.

Maman parut surprise.

– Comment le sais-tu ?

– J'ai cru que tu emmenais papa voir grand-papa…

– Tu rêves ! s'exclama maman, riant presque, puis rattrapée par les larmes. Ton père pensait qu'il valait mieux ne pas t'en parler, mais les secrets ont leur façon bien à eux de se manifester, n'est-ce pas ?

Je me sentais trop abasourdie pour parler.

– Nous ferions mieux de nous hâter, ou nous allons rater ce train, déclara alors maman en lissant sa jupe et en se levant.

Je ne bougeai pas.

– Allons, dépêchons-nous ! me pressa-t-elle.

– Je ne peux pas y aller. Je ne peux pas te laisser après ce que tu viens de me dire ! m'écriai-je.

Maman prit fermement mon visage entre ses mains.

– Regarde-moi, Lil, une chance aussi extraordinaire, ça ne se refuse pas. C'est un voyage comme on n'en fait qu'une fois dans sa vie. Tu te rends compte comme c'est exceptionnel ? Ton grand-père serait si fier !

– *Serait* ?

Je la regardai, interdite.

– Sera, tu veux dire ?

– Serait... sera..., hésita-t-elle. Je vais être franche, son état ne s'améliore pas.

Ce fut la dernière impulsion dont j'avais besoin. Une petite voix me chuchotait que ce n'était pas un hasard si un tel drame avait bouleversé la vie de mes parents au moment précis où grand-papa était en Égypte, en train de découvrir des vases antiques.

– Tu es certaine que cela ne t'ennuie pas ? demandai-je.

Elle hocha la tête. Elle avait les larmes aux yeux, et moi aussi.

– Reviens, c'est tout ce que je te demande. Je ne peux pas me permettre de perdre mes deux enfants.

Je faillis lui parler du vase, de grand-papa et de la malédiction, mais c'était une longue histoire et le temps nous manquait.

11

Pour un lundi soir pluvieux, le trafic était dense. Nous dûmes changer deux fois de bus, et lorsque nous parvînmes à la gare, il ne restait que quelques minutes avant le départ du train. Je ne pouvais toujours pas croire ce qui m'arrivait, j'avais l'impression de rêver.

– Quel train est-ce ? demanda maman, prise de panique. Quel quai ?

Il n'y avait nulle part de contrôleur en vue.

La gare semblait se préparer pour la nuit. Le garçon de café rangeait ses chaises, le fleuriste passait le balai. Les volets des guichets étaient fermés. Les rares passagers semblaient se diriger vers la sortie.

Puis, je compris.

Sur le mur, à l'autre bout de la gare, l'énorme horloge indiquait sept heures et quelques minutes. Nous étions arrivées trop tard. Nous restâmes figées, sans prononcer un mot. J'étais accablée. Avoir raté le train à quelques minutes près, c'était trop affreux.

Au-dessus de nos têtes, un pigeon s'envola. Le bruit d'un jet de vapeur nous parvint d'un coin reculé, suivi d'un puissant coup de sifflet.

Nos regards se croisèrent.

– Est-ce… ?

– Fonce ! me cria maman en me fourrant la valise dans les bras. Tu peux l'attraper !

J'eus tout juste le temps de la voir m'envoyer un baiser du bout des doigts.

Je courus à toute allure à travers la gare, contournai un pilier, dévalai une passerelle et aperçus un panneau « Express continental ». L'accès au quai était empêché par une corde, comme certains tableaux précieux dans les musées. Je ralentis. Mon excitation se mua en anxiété.

Et si Tulipe avait changé d'avis ? Et si je ne parvenais pas à la trouver parmi les passagers ? Et si j'avais l'air trop pauvre pour être acceptée à bord ?

Le train était couleur lavande et crème, rutilant, doté de lignes courbes à la dernière mode. Si j'avais dû imaginer Mme Mendoza en train de monter à bord d'un train, il aurait ressemblé à celui-ci. Sur le quai, le sifflet à la main, le chef de gare portait un uniforme aux couleurs du train. Je passai furtivement la main dans mes cheveux et frottai mes chaussures sur l'arrière de mes chaussettes. Je me sentais horriblement mal fagotée.

Il siffla à nouveau. Le train se préparait à partir. Il y eut des cris, des claquements de porte, de la vapeur qui s'élevait des roues. Il était difficile de s'y retrouver.

Le chef de quai s'approcha, mais ne décrocha pas la corde.

– Vous ne pouvez pas passer si vous n'avez pas de billet, déclara-t-il tout en m'inspectant des pieds à la tête.

– Je dois retrouver des amis à bord, protestai-je. Ce sont eux qui ont mon billet.

– Ah oui, vraiment ?

Il aurait aussi bien pu me répondre qu'il était le pape. Il était clair qu'il n'en croyait pas un mot.

Derrière lui, un collègue l'interpella :

– C'est bon, Smith ? Tout est OK ?

Puis j'entendis le bruit d'une vitre qu'on abaisse, et une tête surgit dans l'entrebâillement.

– Qu'est-ce qu'on attend pour partir ?

Je connaissais cette voix.

– Tulipe ! m'écriai-je en agitant frénétiquement le bras.

Puis je me tournai vers le chef de gare.

– Là, regardez ! C'est mon amie !

Jamais je n'avais été aussi heureuse de voir quelqu'un.

Une deuxième tête brune et bouclée apparut à son côté.

– Bravo, Lil ! Tu as réussi ! hurla Oz.

Même à cet instant, je crois que le chef de gare avait un peu de mal à y croire, mais il décrocha la corde et, quelques secondes plus tard, je courais le long du train et grimpais à bord.

– *Mieux vaut tard que jamais*, dit Tulipe, souriante, en me serrant dans ses bras.

Sur le quai, le sifflet retentit une troisième fois. Toutes les portes étaient fermées, et le train s'ébranla. Il n'y avait plus de retour possible. Nous étions en route pour l'Égypte.

Pendant les premiers kilomètres, nous regardâmes par la fenêtre, fascinés, les lumières de Londres s'enfuir à l'horizon. Puis je me tournai vers Tulipe.

– Ta mère ne se doute toujours de rien ?

– Elle n'a pas l'ombre d'un soupçon, déclara fièrement Tulipe. Elle tient salon dans la voiture-bar. La moitié des passagers sont déjà sous son charme.

Je l'imaginai sans peine.

– Tu as le vase, bien sûr ? Et la traduction ?

– Tout est en sécurité dans notre cabine, expliqua Tulipe.

– Je vais prévenir mama que tu es là, déclara Oz, avant de s'éclipser.

– Attends de voir où nous dormons, Lil, me dit Tulipe en me prenant la main. On dirait une maison de poupées… C'est minuscule.

Je ressentais un mélange d'excitation et de nervosité tandis qu'elle m'entraînait de voiture en voiture. J'avais été impressionnée par la maison des Mendoza, mais là, je basculais dans une autre dimension. Nous traversâmes un wagon avec des sièges en cuir clair, où des gens fumaient des cigares en jouant au backgammon ou aux cartes. La voiture-restaurant était plus calme, avec ses rangées de tables vides, aux serviettes blanches pliées aussi raides que des enveloppes. Je restai bouche bée devant les parois de bois incurvées, le plafond décoré, l'épais tapis rose saumon.

D'étroits corridors reliaient les wagons entre eux. Tant de passagers allaient et venaient que nous ne devions cesser de répéter « Excusez-nous ».

Nous atteignîmes enfin la voiture A. La cabine d'Oz était voisine de la nôtre, m'expliqua Tulipe, et c'était ensuite le dernier compartiment du wagon. Spacieux, il disposait de son propre cabinet de toilette et avait été réquisitionné par sa mère. Dédaignant la petite échelle, Tulipe se hissa à la force des bras sur la couchette du haut. Elle s'assit, les jambes ballantes, et me regarda.

– J'ai pris ce lit. Ça ne t'ennuie pas ?

– Bien sûr que non.

Cela m'était parfaitement égal. Les couchettes paraissaient étroites, mais confortables, avec leurs draps frais. Des barres latérales vous empêchaient de tomber pendant votre sommeil. Il n'y avait guère de place pour quoi que ce soit d'autre – il suffisait de tendre les bras pour toucher les deux parois.

Glissant la main sous son oreiller, Tulipe me tendit un paquet enveloppé dans un chandail.

– Autant que ce soit toi qui l'aies, maintenant que tu es là.

C'était le vase, à l'abri dans sa boîte.

– Je n'étais pas ravie de dormir avec, ces derniers temps, admit-elle.

Je ne l'étais pas non plus, à vrai dire.

Nous retrouvâmes Mme Mendoza dans la voiture-restaurant. Elle portait une magnifique robe rouge et des gants assortis qui montaient jusqu'aux coudes.

– Mama attire les amis comme le miel les mouches, me chuchota Tulipe tandis que nous approchions.

Mme Mendoza, souriante, l'œil vif, faisait partie de ce genre de personnes qui illuminent une pièce par leur seule présence. J'y étais sensible, tout comme les autres passagers, et Tulipe aussi – bien qu'à contrecœur. Je pense qu'en secret elle adorait sa mère.

Après avoir salué Mme Mendoza, je me rappelai mes manières et la remerciai d'un « c'est-gentil-de-me-laisser-vous-accompagner », puis nous nous installâmes, Oz, Tulipe et moi, à une table près d'une fenêtre. Dehors, il faisait nuit noire, et la pluie zébrait la vitre en diagonale. Je peinais toujours à croire que j'étais là. Je me demandai si papa était rentré du pub et si maman l'avait informé de mon départ. Puis, tel un coup de poing, je me rappelai l'existence de mon frère. Il devait être adulte, à présent. Il était peut-être allé à la guerre. Il y avait peut-être trouvé la mort. Cette pensée me vrilla le cœur.

– Qu'est-ce qu'elle a, ta main, Lil ? s'enquit Oz, me tirant de mes pensées.

– Hein ? Oh !

Je pliai les doigts avec précaution. Les marques, devenues rouges, me brûlaient comme un coup de soleil.

– Ça m'a fait atrocement mal sur le moment, admis-je. Mais je vais mettre un gant froid, et il n'y paraîtra plus.

Tulipe devina ce qui s'était passé.

– Tu es allée au collège aujourd'hui, et le vieux dragon t'a frappée ?

– Trois fois.

Oz écarquilla les yeux.

– Tu as été *battue* ?

– Qu'est-ce que tu avais bien pu faire de mal ? s'enquit Tulipe.

Je cachai vivement ma main sous la table.

– Presque rien, dis-je. Et de toute façon, place à l'aventure ! À partir de maintenant, toute allusion au collège est strictement interdite.

Tulipe sourit.

– Voilà une règle qui me plaît !

Après que nous eûmes topé, Oz se leva.

– On devrait jouer à quelque chose. Je vais chercher un échiquier.

Alors que nous attendions son retour, Tulipe déclara qu'elle avait faim. Comme elle avait sauté le dîner, elle commanda des sandwichs au fromage grillé, un chocolat chaud et une sélection de jolis petits gâteaux.

– C'est le *Washington Post* qui paie, me rappela-t-elle. Ça leur apprendra à oublier mama, tiens ! N'hésite pas, choisis ce qui te plaît !

Je n'avais jamais passé commande d'après un menu. Le choix était vertigineux ! Tout me faisait envie, mais je me décidai pour des œufs au bacon, des muffins au beurre et de la glace servie avec des fruits dans un très long verre.

– Que penses-tu des frères ? demandai-je tandis que nous patientions.

Tulipe grimaça.

– Ils font du bruit, ils prennent de la place et ils sentent mauvais. Tout le monde pense qu'ils sont plus importants que les filles.

– Mais pas dans ta famille, protestai-je. Ta mère vous traite de la même manière.

– Peut-être, mais elle pense malgré tout que c'est moi la frivole et Oz l'intellectuel. Et c'était pareil avec Alex.

Elle parut soudain triste.

– Ne parlons plus des frères, proposai-je doucement.

– *Demi*-frère, corrigea-t-elle. Mama a été mariée deux fois.

– Mince alors ! m'exclamai-je. Comme une star de cinéma !

– Son premier mari était blanc, voilà pourquoi Alex n'avait pas la peau foncée comme nous. Notre père est noir. C'est un pianiste de jazz qui donne des concerts dans le monde entier.

Tout cela me parut incroyablement prestigieux et fascinant.

– Tout le monde aimait Alex, soupira Tulipe en triturant sa serviette. Le Garçon en or, on l'appelait, et pas seulement à cause de ses cheveux. Il était doué pour tout.

Je me souvins des coupes exposées dans la bibliothèque des Mendoza.

– Il étudiait l'histoire de l'Antiquité à l'université à Oxford. Il donnait des leçons à Oz quand il rentrait à la maison pour les vacances. Il disait que ça l'aidait à mémoriser ses cours.

– Mais Oz était si petit ! Comment pouvait-il comprendre ?

Tulipe haussa les épaules.

– Il n'en retenait que quelques bribes. L'essentiel, il l'a appris depuis, c'est sa façon de rester fidèle à son frère, j'imagine. Un jour, il sera aussi savant qu'Alex. C'est le monde qui nous entoure qu'Oz a du mal à comprendre. C'est la raison pour laquelle il ne va plus à l'école.

Je trouvais déjà difficile de n'avoir jamais connu mon frère ; cela devait être terrible de l'avoir aimé puis perdu. L'image de mes parents au cimetière me traversa brièvement l'esprit. Il me parut plus honnête de m'en ouvrir auprès de Tulipe.

– Apparemment, ma mère a eu un enfant avant moi.

Elle haussa les sourcils.

– Et c'est moi qui ai une famille mystérieuse ?

– Je ne l'ai jamais connu, m'empressai-je de préciser. Il a été adopté il y a longtemps, avant ma naissance. Je viens juste de l'apprendre.

– Saperlotte ! Cela a dû te faire un choc ! Est-ce que tu vas essayer de le retrouver ?

– Je ne pense pas.

L'idée ne m'avait pas même effleurée.

– Il doit être adulte, à présent. Ou peut-être même mort.

Nous restâmes silencieuses un moment, plongées dans nos pensées moroses. Puis Tulipe frappa un coup sur la table.

– Assez de ces idées noires ! Où sont nos plats, et Oz, qui devait nous apporter un jeu d'échecs ?

Ils arrivèrent en même temps. Bientôt notre table se couvrit d'assiettes et de couverts étincelants. C'était finalement une chance qu'Oz n'eût pas trouvé d'échiquier, car nous n'aurions pas su où le poser.

Tulipe était soulagée.

– Jouons plutôt à quelque chose de drôle.

Elle fit surgir un jeu de cartes et passa le reste de la soirée à nous battre à plates coutures.

12

Tard dans la nuit, nous attrapâmes le bateau à Douvres. Le tangage remplaça le roulis du train. Je me glissai dans ma couchette, épuisée. Nous accostâmes en France aux premières lueurs de l'aube et embarquâmes dans un second train qui devait nous mener jusqu'à Athènes. Cette étape durait trois jours entiers et, si fou que cela paraisse, ce train était encore plus chic que le précédent. Il suffisait de presser un bouton pour se faire servir du thé et des petits-fours, et un orchestre de sept personnes accompagnait tous les dîners. Même si je pensais souvent à grand-papa et au vase, se distraire l'esprit n'était pas difficile.

Très tôt le deuxième jour, nous traversâmes les forêts allemandes, puis le train commença à grimper dans les montagnes. La température chuta, du givre se forma sur les vitres, et nous dûmes tourner le bouton de chauffage sur « fort ». Nous filâmes à travers des tunnels creusés dans la roche et longeâmes ce que je pris pour un torrent gelé, et que Tulipe m'affirma être un glacier.

À la fin de cette journée, nous avions franchi les montagnes. La neige se transforma en pluie et nous descendîmes dans la vallée à une vitesse étourdissante. Les champs et les forêts devinrent moins verts et nous passâmes bientôt devant de longues rangées de plantes assez basses.

– De la vigne, indiqua Oz.

J'échangeai un regard avec Tulipe et souris. Elle avait raison, son frère était une vraie encyclopédie vivante.

Dans l'intervalle entre le goûter et le dîner, Tulipe nous proposa un nouveau jeu.

– Ce sera amusant, promit-elle.

Nous nous trouvions dans la cabine d'Oz. Allongé sur sa couchette, il lisait des livres qui avaient appartenu à son frère. Tulipe et moi étions entassées par terre. Le soleil pénétrait par la fenêtre, et je sentais mes paupières s'alourdir.

– Je suis partante..., dis-je en bâillant.

Tulipe demanda à Oz son carnet de croquis, qu'il prit dans son sac, avant de le lui tendre d'un air méfiant. D'un geste sec, elle arracha les pages du milieu et les posa grandes ouvertes sur le sol.

– Un crayon, s'il te plaît.

Oz lui donna celui qu'il gardait souvent coincé au-dessus de l'oreille. Elle se tourna vers moi.

– Vide ce verre d'eau, tu veux bien ?

Elle parlait du verre qui vacillait sur la table de nuit. Je ne pouvais le vider que par la fenêtre, ce que je fis. Oz et moi regardâmes par-dessus l'épaule de Tulipe tandis qu'elle écrivait les lettres de l'alphabet dans un cercle. Oz devina avant moi où elle voulait en venir, et je me demandai s'ils n'y avaient pas déjà joué.

– Ouija, murmura-t-il.

J'en avais entendu parler. Grand-papa m'avait raconté que c'était courant à l'époque victorienne, avant l'invention de la radio, mais maman disait que c'était une façon de se mettre à l'écoute de différentes voix et que tout dépendait des croyances de chacun.

Un frisson fit se dresser les poils de mes bras. Il était sans doute trop tard pour proposer un jeu de cartes à la place, et je ne voulais pas passer pour la froussarde de la bande. Si Oz avait envie de jouer, très bien.

– Ferme le store, s'il te plaît, ordonna Tulipe. Et éteignez les lampes.

Elle ne manquait pas d'autorité, je dois le reconnaître.

L'obscurité que nous avions recréée n'avait rien à voir avec le noir de la nuit, mais l'ambiance changea du tout au tout. Tulipe nous donna ensuite l'ordre de fermer à clé la porte du compartiment et de pousser le verrou du haut.

– Il ne faudrait pas que des adultes viennent tout gâcher, expliqua-t-elle.

Il y avait à peine la place pour nous trois, nous devions ramener nos genoux contre notre menton et faire attention avec nos coudes. Oz, je le remarquai, n'était pas à l'aise.

– Maintenant, donnez-vous la main et fermez les yeux.

J'obtempérai malgré le pressentiment que le jeu n'aurait rien d'amusant.

– Esprits, nous sommes là aujourd'hui pour vous demander si vous avez un message de l'au-delà pour nous. Merci de nous signaler votre présence de la manière de votre choix.

La voix de Tulipe – lente, lourde – me rappelait les assemblées du collège, quand le pasteur nous faisait des lectures interminables.

Puis mon estomac gargouilla.

– Chut, Lil ! s'impatienta Tulipe.

– Désolée, m'excusai-je, moitié riant, moitié horrifiée. Mais je ne peux pas l'empêcher !

Oz me lâcha la main.

– J'veux pas jouer, déclara-t-il. J'aime pas toucher les mains et être serré comme ça.

Il remonta sur sa couchette et reprit avidement son livre.

– Nous continuons à deux ? suggérai-je à Tulipe.

Elle secoua la tête.

– Cela ne marchera pas.

Mais elle me laissa lui prendre la main et, lorsque je fermai les yeux, elle ferma sans doute les siens, car j'entendis bientôt sa voix monotone. Je ne bougeai plus. Sans la respiration d'Oz à côté de moi, il m'était plus facile de me concentrer.

– Est-ce qu'il y a quelqu'un ? demanda Tulipe. Faites-nous un signe, esprits, si vous nous entendez.

Il ne se passa rien.

– Est-ce qu'il y a quelqu'un ? demanda-t-elle à nouveau.

Derrière moi, la couchette grinça. C'était Oz.

– Tu ne peux pas appeler n'importe quel fantôme comme ça, fit-il remarquer. Tu dois penser à quelqu'un en particulier.

J'ouvris un œil, pas Tulipe. Droite comme un i, elle ordonna froidement et calmement à Oz de se taire.

– Monde de l'au-delà, reprit-elle, avons-nous un visiteur masculin ou féminin ?

Elle me lâcha soudain la main. J'ouvris les yeux et vis qu'elle avait posé le doigt sur le verre retourné.

Celui-ci se mit à se déplacer sur la feuille de papier. Il était évident qu'il était poussé par Tulipe, mais il régnait malgré tout une atmosphère irréelle. Le verre s'arrêta devant la lettre *A*.

– Que dit-il ? s'enquit Oz.

A était pour Alex, j'en étais quasi certaine.

Lorsque Oz découvrit de quelle lettre il s'agissait, il se rejeta en arrière sur sa couchette.

– Tu avais dit que ce serait amusant, Tulipe, se plaignit-il d'une voix malheureuse. C'est pour de faux. C'est toi qui fais bouger le verre.

– On pourrait changer de jeu, proposai-je, la trouvant cruelle envers son frère.

Mais Tulipe me prit la main.

– Essaie, toi.

Je posai à mon tour le doigt sur le verre, mais cela n'eut pas le moindre effet.

– Tulipe, je crois que…

Je m'interrompis. Il faisait plus chaud, tout à coup, et une odeur de poussière flottait dans l'air.

– Que se passe-t-il ? s'étonna Tulipe, nerveuse.

Les lampes s'allumèrent d'un coup, puis s'éteignirent à nouveau.

– Je ne sais pas, avouai-je.

Sous nos yeux stupéfaits, le verre se déplaça. Mon doigt le touchait, mais ne le poussait pas. Il se mouvait de son propre chef.

Tulipe se mit à genoux.

– C'est toi qui le pousses, Lil ? Ce ne serait pas drôle !

– Mais non !

Je retirai ma main pour le lui prouver, et il continua à se déplacer de façon saccadée. C'était dérangeant de voir un verre bouger tout seul. L'air semblait chargé d'électricité. J'avais froid, et j'avais peur.

– Tu as fait quelque chose ! s'écria Tulipe en me jetant un regard noir.

– Pas du tout ! Je le jure !

Elle observa le verre et le papier dans l'espoir de trouver le truc. Oz s'accroupit près de moi.

– Ça, dit-il en fixant le verre, c'est épatant !

Ce n'était pas mon avis. Je trouvais cela lugubre et effrayant, mais je ne pouvais détacher mon regard du verre, qui continuait à se rapprocher laborieusement de la première lettre.

– Choisis *A* pour Alex ! s'écria Tulipe, saisie d'une sorte de frénésie.

Pendant un moment, je crus que c'était ce qui allait se passer puis, à la dernière seconde, le verre changea de direction et s'arrêta devant le *P*.

– Notez-le ! s'exclama Tulipe.

Oz attrapa son carnet et son crayon. Les lettres suivantes se succédèrent rapidement : *A*, *S*, puis il y eut une pause, et ensuite *I*, *C*, et encore un *I*.

Je lus à voix haute :

– « PAS ICI. »

– Que signifie ce message ? demanda Tulipe. Et à qui est-il destiné ?

Je n'en avais pas la moindre idée. Tout ce que je savais, c'est que mon cœur cognait trop fort dans ma poitrine et que j'avais envie que ce jeu stupide s'arrête. Mais le verre n'avait pas fini. Le mot suivant fut « DANS ». Nous échangeâmes des regards abasourdis.

– Une personne, ou peut-être un lieu ?

Je pensai malgré moi au vase, et aux mystères dont il était entouré. Le verre cherchait-il à me dire quelque chose *à moi* ?

Osant à peine respirer, j'attendis.

Le verre ne bougeait plus. Au bout d'un moment, Tulipe remua pour s'asseoir plus confortablement. Oz se mit à tripoter son crayon. Mes pensées retrouvèrent presque leur cours normal. L'atmosphère se détendit insensiblement ; le message semblait terminé.

Puis, alors que Tulipe allait ouvrir la bouche, le verre fusa à travers la feuille de papier. Je sursautai. Il désigna de nouvelles lettres, puis roula sur le tapis et heurta la semelle de Tulipe.

– « PAS ICI DANS AU-DELÀ », lut Oz sur son carnet. Voilà le message.

Tulipe fronça les sourcils.

– Qu'est-ce que ça peut bien vouloir dire ?

– Cela concerne peut-être Kyky ? suggérai-je.

N'était-ce pas la raison pour laquelle nous essayions de rapporter le vase ? Pour que la malédiction cesse et que Kyky puisse terminer son voyage vers l'au-delà ?

Mais cela pouvait aussi bien concerner Alex.

– Ce n'est qu'un jeu idiot, déclara Tulipe en se redressant avec raideur. Venez, on est restés enfermés assez longtemps.

Toute la soirée, le regard de Tulipe demeura lointain, comme absent. Oz, de son côté, se montra fatigué et irritable.

– Mais que vous arrive-t-il, tous les deux ? s'exclama plus d'une fois Mme Mendoza.

Nous allâmes nous coucher tôt.

– Le message du ouija te tracasse, n'est-ce pas ? demandai-je à Tulipe une fois que nous fûmes seules dans notre compartiment.

Dans un soupir, elle laissa tomber sa tête sur son oreiller.

– Voilà mon dilemme : soit j'espère qu'Alex est encore vivant, soit je ne tiens pas compte du message. Mais l'un comme l'autre me brisent le cœur.

Je la comprenais. Mais si je repensais à mon frère – comme ces mots résonnaient étrangement ! –, je me disais que la vie avait le don de vous jouer des tours au moment où vous vous y attendiez le moins.

– Ne dis jamais jamais, lui conseillai-je.

Dans mon esprit « Pas ici dans au-delà » pouvait signifier deux choses : soit que la personne était coincée dans les limbes, soit qu'elle n'était tout simplement pas morte.

13

Au petit déjeuner le lendemain, un télégramme arriva. C'était un message du contact de Mme Mendoza au Caire, qui la tenait informée des dernières nouvelles de la Vallée des Rois. Les jours précédents, M. Carter n'avait pas perdu son temps. Il avait dégagé seize marches enfouies sous le sable, lesquelles menaient à une porte fermée par des sceaux. Mais le message du jour ne manqua pas de nous surprendre. « Oh, pauvre canari », commenta Mme Mendoza en lisant le télégramme.

Nous cessâmes immédiatement de manger.

– Lady Evelyn, la fille de Lord Carnarvon, avait apporté un canari afin de vérifier la présence de gaz toxiques avant de pénétrer dans le tombeau.

– Et le canari est mort ? demandai-je.

– Il a été tué par un serpent, apparemment, dit

Mme Mendoza. Rien de bien passionnant, vous l'avouerez. Comment suis-je supposée écrire un article sur un événement pareil ?

– Quelle sorte de serpent était-ce ? demanda Oz en levant les yeux de son livre.

Il ne mangeait jamais en présence d'autrui, m'avait expliqué Tulipe, mais il aimait venir à table et lire.

– Quelle importance, chéri ?

Elle relut cependant le message, suivant les mots du doigt.

– « Oiseau tué par cobra. Mort presque instantanée. Carter et Lady Evelyn tentent calmer inquiétudes malédiction. »

– « La mort frôlera de ses ailes puissantes », cita Tulipe. Visiblement, M. Carter est parfaitement au courant de la malédiction, mais cet imbécile refuse de se laisser impressionner.

« Il est surtout bien inconséquent », pensai-je sombrement.

– Le cobra n'est-il pas un animal protecteur, dans la mythologie égyptienne ? interrogeai-je.

Oz approuva vivement.

– L'*uraeus*, ou « cobra dressé ». C'était le gardien des pharaons.

– J'ai l'impression que la malédiction essaie d'empêcher les archéologues d'entrer dans le tombeau, dit Tulipe.

« Pourvu qu'elle y parvienne, pensai-je, du moins assez pour nous laisser le temps d'arriver. » Le visage de Mme Mendoza s'éclaira soudain.

– Vous m'avez donné une idée, mes amours, je vous remercie !

Et elle se leva pour aller taper son article.

Un peu plus tard, ce même jour, le train fit halte dans une petite gare de campagne. Oz affirma que nous étions en Yougoslavie, mais je ne sais d'où il tenait cette information. Le quai était désert, à l'exception d'une vieille femme qui vendait de la citronnade.

– Nous allons accueillir un nouveau passager, dis-je en désignant une automobile qui freinait en même temps que le train.

Alors que Tulipe et moi tentions de deviner qui était ce mystérieux voyageur – elle penchait pour une vedette de cinéma, moi pour un espion –, Oz annonça qu'il voulait de la citronnade, aussi proposai-je de lui en chercher une. Le temps que je descende du train, l'automobile avait déposé son passager et était repartie. L'homme se trouvait sur le quai : jeune, mince, un visage tout ce qu'il y a de plus ordinaire. Plutôt un espion, décidai-je. Ma citronnade à la main, je me hâtais de regagner notre wagon quand il m'interpella :

– Dites, vous sauriez où se trouve la seconde classe ?

Le chef de train avait disparu.

Je lui désignai, un peu plus loin, le gros « 2e » imprimé sur la porte du wagon, mais il me parut perdu. Il avait deux valises, un sac qui glissait de son épaule et un air un peu absent qui n'était pas sans me rappeler papa.

Tulipe me faisait de grands signes frénétiques pour me presser. Sans réfléchir, j'entraînai l'homme vers la porte des premières, puis grimpai à bord à mon tour. Presque aussitôt, le train s'ébranla, nous étions repartis.

– Merci pour votre aide, me dit le jeune homme, portant la main à son chapeau.

Il avait une barbe hirsute et une vilaine cicatrice sous l'œil, mais son sourire était des plus aimables.

Le chef de train apparut enfin, et s'enquit de nos billets. Je n'avais pas le mien sur moi.

– Où allez-vous, mademoiselle ? voulut-il savoir.

– À Louxor.

– Vraiment ? demanda le jeune homme en se redressant. Alors vous allez pouvoir garder un œil sur Howard Carter !

Bien qu'il sourît en parlant, je perçus une tension inattendue dans sa voix.

– Je dois vérifier votre billet, l'interrompit le chef de train. Avec qui voyagez-vous ?

– Mme Mendoza et ses enfants, en première classe, expliquai-je. Je peux aller chercher mon billet, si vous le souhaitez.

Le chef de train parut ravi de l'aubaine. Le jeune homme, dont le billet était pourtant en règle, sembla si alarmé que j'éprouvai de la peine pour lui.

– Vous êtes sûr que ça va ? lui demandai-je. Vous vous êtes trompé de train ou… ?

– Hein ? Non… non, tout va bien, merci, répondit-il avec son sourire doux. Mais n'oubliez pas, gardez un œil sur Carter !

– Je vous le promets.

Je lui donnai ma citronnade, car il semblait en avoir grand besoin.

Vingt heures plus tard, nous arrivâmes enfin à Athènes. Alors que nous descendions du train, un télégramme arriva pour Mme Mendoza. Au vu de l'expéditeur, mon cœur se serra.

– C'est de M. Pemberton ! chuchotai-je à Tulipe. Tu crois que nous avons été démasqués ?

Tulipe pinça les lèvres, signe qu'elle était soucieuse.

– Je ne comprendrai jamais ce… cet homme ! s'écria Mme Mendoza en agitant le télégramme d'un air dégoûté.

– Que dit-il ? demanda Tulipe.

– Il prétend que je l'ai mal compris, expliqua

Mme Mendoza. A-t-il oublié le télégramme qu'il m'a envoyé la semaine dernière ?

– Sûrement un malentendu, s'empressa de dire Tulipe.

Je ne sais pas comment elle réussissait à garder son calme, alors que mon ventre était dans un état effroyable.

– Il m'ordonne de rentrer illico à Londres, cet abruti. Il dit qu'il a déjà dépêché un autre reporter sur place.

Je fus horrifiée. Nous ne pouvions repartir la queue basse. Pas après avoir parcouru tant de kilomètres !

Alors que nous discutions, j'aperçus à nouveau l'homme au billet de seconde classe. J'eus presque l'impression qu'il se dirigeait vers nous, puis Oz se retourna en fronçant les sourcils et cela sembla le décourager. Il porta la main à son chapeau et disparut au milieu de la foule.

– Cela doit être une erreur, mama, assura Tulipe. Tous nos billets étaient réservés, donc quelqu'un du journal savait que tu venais.

– Poursuivons notre voyage ! Il ne nous reste plus qu'un bateau à prendre avant d'arriver en Égypte, plaidai-je.

Mais ce fut Oz qui trouva la parole magique :

– Et M. Pemberton a envoyé un *homme*, mama.

Mme Mendoza redressa les épaules.

– Il peut garder ses ordres pour lui, déclara-t-elle. Je ne vais pas me laisser voler une occasion pareille par un petit débutant, n'est-ce pas ?

Autant vous dire que nous l'approuvâmes avec enthousiasme.

Le télégramme poussa Mme Mendoza à l'action. Au lieu de passer la nuit à Athènes, comme prévu, elle décida de repartir immédiatement pour l'Égypte. Plus un seul bateau n'embarquait de passagers ce jour-là. Qu'à cela ne tienne, Mme Mendoza refusa d'attendre le lendemain matin.

– Je suis une journaliste en pleine enquête ! nous rappela-t-elle.

Lorsque nous arrivâmes au port, il pleuvait. Un vent froid s'était levé et la mer était agitée de grosses vagues chargées d'écume, un peu trop hautes à mon goût. Si la Manche avait été très calme, la seule vision de cette mer me donnait la nausée. Il suffit de quelques dollars pour qu'un homme à la moustache énorme accepte de nous prendre à son bord.

Dès les premiers pas sur le pont, nous découvrîmes que nous n'étions pas les seuls passagers : de la cale nous parvenait un concert de bêlements. L'odeur était si forte qu'elle vous tirait des larmes.

– Beurk ! s'exclama Tulipe en se pinçant le nez. D'où vient cette puanteur ?

– Des chèvres, répondit Mme Mendoza.

Je compris rapidement que je n'avais pas le pied marin. Au moins, me dis-je, nous nous rapprochions du but. Si nous parvenions à trouver une correspondance au Caire, nous serions à Louxor d'ici à dimanche, soit – si je ne me trompais pas – un jour plus tôt que prévu. Derrière nous, la côte grecque rapetissait étonnamment vite. Nous fûmes bientôt entourés d'eau de toutes parts, une eau sombre qui se creusait de façon inquiétante.

– Je vais me coucher, annonçai-je à Tulipe.

– Je viens aussi.

Notre cabine était rudimentaire : matelas nu sur les couchettes et, pour toutes fenêtres, de petits hublots couverts de buée. Je fus rassurée de découvrir un seau d'aisances dans un coin. Vu l'état de mon estomac, je n'allais pas tarder à en avoir besoin. Oz, qui nous avait précédées, s'était approprié l'une des couchettes inférieures, sur laquelle il avait étalé les livres d'Alex sur l'Égypte, son carnet de croquis, ses crayons, ses stylos.

– Comment arrives-tu à lire par ce temps ? grognai-je.

– Facile, répondit-il sans même lever les yeux.

Dehors, la mer devenait de plus en plus houleuse et le ciel s'assombrissait, bien qu'on ne fût qu'au milieu de l'après-midi. Tandis qu'Oz poursuivait sa lecture,

Tulipe et moi nous allongeâmes sur nos couchettes, oscillant de gauche à droite au gré de la houle. De temps à autre, une vague plus forte nous soulevait l'estomac. Je tentai d'éviter de penser à la nourriture – ce qui n'avait rien de naturel pour moi.

Lorsqu'une vague particulièrement puissante frappa la coque du bateau, nous fûmes jetées à terre avec toutes nos affaires. Dans une cabine si petite, nous ne pouvions aller bien loin, mais ma valise s'ouvrit – je savais déjà que les fermoirs n'étaient pas des plus solides. Mes vêtements s'éparpillèrent sur le sol au milieu des traductions du professeur Hanawati. Le vieux chandail dont j'avais enveloppé le vase se déroula, et je découvris alors que celui-ci ne s'y trouvait plus.

Me mettant à genoux, je cherchai frénétiquement parmi les vêtements. Oz s'accroupit près de moi et regarda sous la couchette.

– Il est là, indiqua-t-il.

Sa petite taille lui permit de glisser la main sous les lattes et de tirer le vase à lui.

– Oh, merci !

Je le lui pris des mains. Il était couvert de poussière mais, par chance, il ne semblait pas abîmé. Rien qu'en le revoyant, en plein jour, sans emballage, je sentis un frisson me parcourir la nuque. Il était clair qu'une étrange magie s'en dégageait. Tulipe, qui devait la ressentir aussi, se frotta soudain les bras comme si elle avait froid.

Il me sembla cependant que quelque chose n'était pas comme d'habitude ; alors que je le faisais tourner dans ma main, il me parut légèrement bancal. J'avais l'impression que si je le posais sur une table, il allait basculer. Inquiète, je le levai dans la lumière pour mieux l'observer.

– C'est le couvercle, dit Tulipe. Il a tourné.

Elle avait raison : le bouchon en forme d'Anubis était maintenant de l'autre côté. Il s'était dévissé. Il s'ouvrit presque sans effort, ce qui me laissa pantoise. Nous l'avions pourtant poussé et tiré, sans résultat, mais cette fois, il me suffit de le tourner doucement. Un grincement, et la tête d'Anubis se retrouva dans ma main. Le vase était ouvert.

Je consultai du regard Tulipe et Oz puis, d'un même élan, nous plongeâmes les yeux à l'intérieur.

– J'aperçois quelque chose de blanc, dit Tulipe avec l'impatience la plus vive. Regarde, Lil !

Glissant la main à l'intérieur, je touchai une sorte d'épais papier. Avec mille précautions, j'extirpai ce qui se révéla être un parchemin soigneusement roulé, noué avec une cordelette en cuir. J'en avais déjà vu de ce genre au British Museum : c'était un papyrus, m'avait expliqué grand-papa, fabriqué à partir de plantes qui poussaient dans des marais aux abords du Nil.

– Ouah ! s'exclama Oz en inspirant brusquement. Je parie qu'il est très vieux !

– Qu'est-ce que c'est ? s'impatienta Tulipe. Tu peux l'ouvrir ?

Le papyrus était si ancien qu'il s'effritait presque. J'étais quasi sûre de savoir ce que c'était. J'en étais d'autant plus excitée, et il était d'autant plus important qu'il reste intact. Du bout des doigts, avec une douceur infinie, je déroulai légèrement le haut.

– Je pense que c'est le récit de Lysandra, confiai-je. Le professeur Hanawati a dit qu'il l'avait trouvé dans le vase. Il semble qu'il l'y ait remis...

Tulipe siffla entre ses dents.

– Est-ce qu'il en avait terminé la traduction ?

– Je ne pense pas.

Le récit que j'avais lu s'arrêtait au moment où Maya choisissait un site pour le tombeau. Si c'était le texte intégral, il comporterait la fin du récit. Le seul problème, c'est que je n'étais pas égyptologue. Les pattes de mouche de Lysandra étaient visibles à travers le papier, il y en avait dans tous les sens. Je ne savais même pas par où commencer à lire.

– Je peux peut-être en déchiffrer des passages, avec l'aide de ceci, proposa Oz, en tapotant de la main, l'un après l'autre, les livres d'Alex, comme autant de talismans.

Sacré Oz. Ses grands yeux sérieux fixaient le vase

comme s'il recelait les secrets de l'univers. C'était pour lui l'occasion rêvée de mettre en pratique tout ce que lui avait enseigné son grand frère et ce qu'il avait appris de son côté. De toute façon, c'était notre seule chance.

– Fais de ton mieux, dis-je en lui tendant le papyrus.

Les vitres sales des hublots laissaient filtrer le soleil de fin d'après-midi. La tempête se calmait enfin. Les heures s'écoulèrent doucement. Nous avons allumé des lanternes et partagé des biscuits. Lorsque Mme Mendoza glissa la tête par la porte, nous lui répondîmes que tout allait pour le mieux.

Le matin arriva sans crier gare. Passant le nez par l'un des hublots, Tulipe annonça dans un bâillement qu'elle voyait la terre. Nous hissant sur la pointe des pieds, nous observâmes ce qui ressemblait à une rangée de nuages à l'horizon.

– Est-ce vraiment l'Égypte ? demandai-je.

Tulipe sourit.

– Sans doute.

C'était incroyable de penser que nous étions si proches.

– Ça ne pouvait pas mieux tomber, déclara une voix depuis la couchette inférieure.

Nous fîmes toutes deux volte-face. C'était la première parole que prononçait Oz depuis des heures.

– Es-tu parvenu à déchiffrer le texte ? m'enquis-je avec impatience. Est-ce bien la fin du récit ?

En réponse, il tapota la couverture pour nous inviter à nous asseoir sur sa couchette – à une distance suffisante cependant – afin de nous lire l'histoire qu'il avait passé la nuit à retranscrire.

LYSANDRA

Alors que les dieux semblent nous sourire à nouveau, des messagers annoncent une bataille au nord. Des étrangers se sont emparés de terres qui nous appartiennent.

– Nous devons leur donner une leçon ! rugit Horemheb, campé sur les marches du palais. Ils ne peuvent pas prendre ce qui ne leur appartient pas !

Il réclame des chars, des armes, des hommes prêts à se battre. La tension règne dans les rues, les gens ont peur, mais personne ne veut se porter volontaire.

C'est Kyky qui suggère une autre solution : inviter au palais les fauteurs de troubles afin de « discuter avec eux ». Je suis surprise de voir que Horemheb et Aÿ le prennent au sérieux. Après de longues et secrètes délibérations, ils acceptent.

Les familles doivent préparer à manger, comme pour accueillir des invités venus de loin. Les jours suivants, nous cuisons du pain, faisons des gâteaux au miel. La chaleur dans notre maison est intolérable, mais l'odeur délicieuse – assez, je l'espère, pour apporter la paix.

La nuit précédant l'arrivée des visiteurs est douce et sans lune. Alors que Maya et moi nous préparons à dormir, une silhouette familière s'approche en boitillant.

– Lysandra ! chuchote Kyky. J'ai encore fait un rêve !

Je lui fais signe d'entrer. Ces jours-ci, je me méfie des oreilles qui traînent.

– Était-ce le même que la dernière fois ? demandé-je.

– Non.

Kyky se frotte les tempes comme s'il avait mal à la tête. Son ancienne piqûre d'insecte s'est infectée.

– Une bataille éclatait à l'intérieur du palais. Je n'avais pas d'arme. J'essayais de repousser les gens avec des lampes, des plats, tout ce qui me tombait sous la main, mais il y avait du sang. Lysandra, du sang partout.

L'inquiétude me submerge ; c'est sans doute un mauvais présage pour demain.

– Ma seule échappatoire était une porte dans le mur, continue Kyky. Cette fois, la porte s'est ouverte, et j'étais si content, si soulagé de pouvoir passer !

Je jette un regard à Maya, qui a pâli. Nous savons tous deux ce qu'une porte signifie.

Kyky ouvre la bouche le premier. Il frissonne.

– Je vais mourir demain, n'est-ce pas ? Cette visite est un piège. Je n'aurais jamais dû la proposer.

Maya tente de le réconforter :

– Tu n'en sais rien...

– Horemheb a attiré ici les visiteurs pour les faire massacrer, insiste Kyky. Il va me tuer dans le feu du combat, puis prétendre qu'il essayait de me défendre.

Je pense à la roue cassée du char, aux chuchotis près de la fenêtre. Que des gens complotent contre notre roi, cela n'est pas nouveau. Aÿ est impatient de devenir pharaon. Il ne peut laisser la vie de son filleul suivre son cours normal. Je suis soulagée que Kyky nous croie enfin, même si cela signifie que le danger rôde partout. Nous sommes entourés de scorpions venimeux.

– Des rêves aussi précis mentent rarement, dis-je.

Kyky hoche la tête. Il est terrifié.

– Si on nous attaque, nous attaquerons à notre tour, déclare Maya.

Il est sérieux, mais la vérité est que mon frère n'a rien d'un guerrier et que Kyky n'est pas au mieux de sa forme. Sa jambe blessée n'est pas guérie. Face à des soldats ou à un assassin, ils n'ont aucune chance.

Mais surtout, je ne parviens pas à oublier ce rêve. Il annonce que Kyky va commencer demain son voyage vers l'au-delà, quoi qu'il fasse, où qu'il soit. Peut-être sera-t-il tué par les hommes de son oncle. Peut-être mourra-t-il paisiblement dans son sommeil. Ou peut-être s'étouffera-t-il en mangeant son pain et son miel demain matin. Si c'est son dernier jour sur cette terre, autant qu'il soit heureux.

– J'ai une autre façon de voir les choses, dis-je à Kyky.

Si tu pouvais faire ce que tu voulais demain, de quoi aurais-tu envie ? Où aimerais-tu aller ?

Kyky et Maya me regardent d'un air étonné, comme si avoir des idées était leur seul apanage.

Ils se rallient pourtant à ma façon de voir et, avant l'aube, les voilà qui partent dans le désert, aussi loin que leurs pas les mèneront. Ils joueront à se bombarder avec des fruits, chasseront des rongeurs, feront une sieste à l'ombre. Ils seront heureux. Pendant ce temps, ici, à l'intérieur des murs de la ville, j'espère que les plans de Horemheb et d'Aÿ tomberont à l'eau.

Les invités du nord arrivent à cheval. Alors qu'ils remontent la rue principale vers le palais, nous devrions les acclamer, mais ils sont si étranges que nous les fixons en silence. Les hommes ont les cheveux clairs, ils sont trapus et laids. Leurs chevaux leur ressemblent, mais leur œil est plus doux. Avant même qu'ils ne mettent pied à terre, Horemheb et ses conseillers apparaissent sur les marches du palais, l'épée à la main. D'autres hommes se rassemblent derrière eux, bloquant l'entrée du palais. Tous sont lourdement armés. Dans un frisson, je pense au rêve de Kyky, et je me demande à qui sont destinés ces épées et ces poignards.

Mère observe la scène comme tout le monde, perdue.

– Pourquoi ne les laissent-ils pas entrer ? Ne les avons-nous pas invités pour faire la paix ?

Je n'ai rien besoin de lui dire. Assez vite, le bruit nous

parvient que le roi a disparu. Il ne peut pas accueillir ses invités, qui s'en retournent, aussi décontenancés que les habitants de la ville, mais plus irrités. Depuis le palais, j'entends des cris et des bris de vases. Alors que mère et moi retournons à nos besognes, je prie pour que Maya et Kyky restent absents le plus longtemps possible.

En milieu de matinée, le ciel s'assombrit d'un coup. En un rien de temps, la tempête de sable est sur nous. Tandis que des rafales de vent balaient la cour, mère et moi nous dépêchons de rentrer pots, tapis et poules. Dans la rue principale, les feuilles des palmiers claquent dans l'air comme des fouets.

Une fois tous les volets fermés, mère allume une lampe.

– C'est un mauvais présage, dit-elle en secouant la tête. Les choses ne se sont pas bien passées aujourd'hui.

Moi aussi, je suis anxieuse. J'écoute le vent et le sable qui martèlent nos murs comme des millions de petits cailloux. En moi-même, je pense : « Pourvu que Maya et Kyky aient pu trouver un abri... »

La tempête, bien que violente, se calme vite. Impatiente de savoir ce qui se passe au palais, je me dépêche d'ouvrir les volets et de sortir. Tout est recouvert de poussière du désert. De petits tas se sont formés devant notre porte et notre portail. Au palais, les serviteurs dégagent déjà les marches, secouent les tapis et brossent les fauteuils. Puis l'un d'eux s'interrompt pour fixer l'horizon. Il tend le doigt. J'entends qu'il prononce le nom de Maya.

Je cours vers le portail. C'est trop tôt, ils ne devraient pas être déjà de retour. Je me dis que la tempête a dû les pousser à rentrer. Mais dès que je les aperçois, je comprends que quelque chose ne va pas. Maya porte Kyky en travers de l'épaule, sa tête et ses bras pendant le long de son dos. Il se rue dans le palais sans un mot. La peur me jette sur ses pas.

Je retrouve Maya dans le vestibule, entouré d'hommes armés d'épées qui refusent de le laisser passer.

– Que se passe-t-il ? crié-je. Laissez entrer mon frère, tout de suite !

– Ce sont les ordres d'Aÿ, répond un des hommes. Nous n'avons pas le droit de laisser passer qui que ce soit.

– Mais vous voyez bien que c'est le roi ! Il n'est pas bien ! Il a besoin d'être soigné !

Maya tente de me calmer. Attiré par le bruit, Aÿ arrive sur les lieux. Il observe la scène avec des yeux aussi inexpressifs que ceux d'un poisson mort.

– Mon filleul est rentré, je vois, dit-il.

Mais lorsqu'il découvre l'état de Kyky, il ne peut cacher son émotion.

– Est-il... ?

– Mourant ? l'interrompt Maya. Oui. Cette fois, je crois que oui.

Nous installons Kyky le plus confortablement possible. On envoie chercher des remèdes et on apporte des bols d'eau froide, mais je crois que ni l'un ni l'autre ne feront grand effet. La piqûre sur son visage comme la blessure de sa jambe sont rouges et enflées. Je le revois hier soir en train de se frotter la tête et de frissonner. Il était déjà malade.

– Que s'est-il passé ? demandé-je à Maya.

Mon frère me raconte qu'ils ont dû s'arrêter à peine partis. Kyky, ruisselant de sueur, s'est écroulé par terre, a fermé les yeux et ne s'est pas relevé. Ils ne se sont pas bombardés de fruits, ni n'ont chassé de rongeurs.

– Nous avions déjà trouvé un refuge quand la tempête s'est levée.

Toute la journée, Maya et moi veillons Kyky. Nous refoulons nos larmes, comptons ses respirations de plus en plus lentes et rendons grâces de l'avoir connu. Lorsque le soir tombe, alors que nous allumons des lampes et brûlons de l'encens pour purifier l'air, sa respiration se modifie. Il bat des paupières. Ouvre les yeux.

Je suis stupéfaite. Il est guéri ! Il a survécu !

Quand je me tourne vers Maya, je vois qu'il rit et pleure en même temps.

– Tu restes dans ce monde, finalement ?

Kyky secoue lentement la tête.

– Non, mais je ne veux pas vous quitter, tous les deux. J'ai peur.

– Ta vie dans l'au-delà sera merveilleuse, lui dis-je. Tu seras entouré de toutes les richesses dont tu peux rêver.

– Les richesses ne m'ont pas rendu heureux, dit-il. Tout ce que je veux, c'est mes amis.

– Alors, ne meurs pas ! insiste Maya, serrant sa main avec fermeté. Que vais-je devenir sans toi ? Sur qui vais-je pouvoir lancer des grenades ?

– Je pense à plusieurs personnes, répond Kyky, un sourire aux lèvres.

Il ferme alors les yeux. Un long soupir soulève sa poitrine. J'attends en silence la suite, mais rien ne vient. Des larmes coulent de mes yeux. Maya lâche doucement la main de Kyky.

– Bon voyage, mon ami, dit-il. Je te promets que ce n'est pas la fin, mais le début d'une vie fabuleuse.

Les rites commencent dès le lendemain. Bien que la tristesse plane sur la ville comme un épais nuage de fumée, le corps de Kyky doit être préparé pour son glorieux voyage, ce qui nécessite de nombreux soins. Combien de fois dans sa courte vie avons-nous cru ce moment arrivé ! De nouveaux accès de fièvre, des accidents, une jambe qui boite, une douleur inhabituelle ; il est difficile de croire que son heure est finalement venue.

Nous affairer nous soulage. Maya emmène au tombeau, dans la vallée, une équipe d'ouvriers plus nombreuse. Il faut creuser des pièces dans la roche, les peindre, y déposer tous les trésors dont notre roi a besoin dans sa nouvelle vie. Ce travail exige habituellement des années, mais il va falloir le terminer en soixante-dix jours.

Au palais, mère et moi sommes appelées pour laver le corps. Le pauvre Kyky n'est plus qu'une petite silhouette décharnée, aux bras et aux jambes plus maigres que les miens. Entre ses anciennes piqûres d'insecte et ses nouvelles blessures, sa peau ressemble à un champ de bataille.

– Il est encore chaud ! commente mère, tandis que nous lavons et rasons ses cheveux.

– C'est la fièvre, dis-je.

Mes mains se mettent à trembler quand je comprends ma terrible erreur.

Mon grand-père ne s'y serait jamais trompé. Écoutant le rêve de Kyky, il aurait reconnu les signes typiques de la fièvre. Son rêve était déconcertant, mais il ne s'agissait pas d'un présage. C'était l'effet du délire, comme toujours avec la fièvre.

Mon grand-père aurait dit à Kyky de rentrer chez lui, de se mettre au lit et de se reposer. Il aurait certainement conseillé qu'un ou deux gardes armés veillent devant la porte de sa chambre, mais il ne l'aurait jamais envoyé dans le désert en croyant qu'il y serait en sécurité, alors qu'il tenait à peine sur ses jambes.

C'est ma faute. Je suis brisée.

Les erreurs s'accumulent. Le tombeau est situé dans un endroit difficile d'accès. Des lignes de fracture, dans la roche, indiquent qu'il est dangereux de continuer à creuser. Pour éviter que le flanc de la vallée ne s'écroule, il faudrait des équipements spéciaux, dessiner d'autres plans, recruter d'autres ouvriers. Aÿ demande à Maya de choisir un autre lieu.

– Mais il faut que ce soit là, à cet endroit exact, insiste Maya. J'ai tout calculé par rapport au soleil.

Aÿ lui dit qu'il n'y a plus le temps pour ce genre de détails ; la tradition exige que le tombeau du pharaon soit prêt dans les soixante-dix jours. Sans surprise, Aÿ confisque les plans. Il choisit un nouveau site au pied de la paroi. Il est à l'ombre et indigne d'une tombe royale. Maya est furieux, ce choix est minable. Seule mère parvient à le calmer et à l'empêcher de sauter à la gorge d'Aÿ.

Les préparatifs continuent toute la journée, et la suivante encore. Tôt le matin, Aÿ m'intercepte dans la cour. Il me rappelle mon devoir de scribe.

– Ce sont des moments importants, Lysandra, dit-il. Je compte sur toi pour consigner la passation d'un roi à un autre.

Il prononce ces derniers mots en levant fièrement le menton ; je ne peux que me réjouir que Maya n'ait pas été là pour le voir.

Ma culpabilité a beau être forte, je la cache au plus profond de moi. Je trouve un certain réconfort à m'activer et à participer aux préparatifs. Un prêtre est appelé pour diriger la momification ; je suis soulagée que ce soit son couteau qui coupe le ventre de Kyky. Il nous fait passer le foie, les poumons, l'estomac et les intestins. Leur légère odeur de viande m'évoque celle d'un animal abattu ; le corps n'a plus rien à voir avec le Kyky que nous avons connu, ce qui nous facilite la tâche. Mère et moi, nous aidons les embaumeuses à envelopper de sel chaque organe, afin de lui permettre de sécher. Nous faisons de même avec le trou béant au niveau de son torse. Il ne reste plus que son cœur à l'intérieur.

Le prêtre travaille rapidement, mais avec soin. Il insère un crochet dans le nez de Kyky et en ressort une forme grise qui ressemble à des branchies de poisson. Le cerveau est presque entier – assez pour que mère le prenne dans ses mains et le place dans un panier sur le sol. Plus tard, nous le brûlerons. Les cerveaux n'ont pas leur place dans l'au-delà.

Quarante jours passent. Quarante jours doux et printaniers pendant lesquels l'herbe s'épaissit et les arbres fruitiers fleurissent, tandis que le corps de Kyky rétrécit. Aÿ devient notre nouveau pharaon ; ce n'est une surprise pour personne. Même Horemheb, pourtant avide de pouvoir, proteste à peine. C'est Maya qui me cause des soucis.

Bien que je lui aie avoué mon erreur d'interprétation du rêve, il refuse de changer d'avis sur Aÿ.

– Cet homme a de la glace à la place du cœur, dit-il.

La construction du tombeau n'avance pas comme elle le devrait. Les ouvriers qu'Aÿ a embauchés sont paresseux et peu qualifiés, leurs burins font un massacre que même des plâtrages de dernière minute ne peuvent camoufler. Les pièces sont exiguës et moins nombreuses que ne l'exige une tombe royale. Lorsque le sarcophage est descendu à l'intérieur, les cordes se rompent et un homme a la jambe broyée. La chambre qui venait juste d'être creusée se retrouve ensevelie sous les décombres, tout est à recommencer. Soir après soir, Maya rentre à la maison en jurant.

Au bout de quarante jours, nous sommes prêts à bander le corps. Au palais, mère et moi retirons les organes du sel et les enveloppons de bandelettes de tissu pour les placer ensuite dans les vases canopes.

Lorsque nous dévoilons le corps, je remarque immédiatement qu'il y a un problème. La plaie laissée par le couteau du prêtre s'est rouverte. Elle est rouge et à vif. Alors que je m'en étonne, mère me rabroue, affirme que ce genre de chose arrive. Pas la peine de faire des histoires, nous la scellerons de nouveau avec de la cire. Mais le bras gauche de Kyky a lui aussi été déplacé. Nous l'avions croisé en travers de sa poitrine et il repose maintenant le long de son corps. Son torse semble s'être affaissé. Lorsque je le touche, j'ai l'impression qu'il est creux, qu'il n'y a plus rien à l'intérieur.

– Mère, chuchoté-je, sous le choc, son cœur n'est plus là.

Elle s'impatiente, mais tâte son torse pour vérifier elle-même.

– Ce n'est pas notre affaire, Lysandra, dit-elle seulement. Arrête de fureter partout. Nous avons du travail.

Mais quand elle croit que je ne la vois pas, elle prend une petite amulette en forme de soleil et la glisse à l'endroit où le cœur devrait se trouver.

Nous lavons le corps et le frottons avec de l'huile parfumée, puis nous obstruons ses paupières et ses narines avec du lin imbibé de résine. Je ne cesse de penser à son cœur. Nous savons toutes deux, mère et moi, qu'il n'est pas normal de le retirer ; on a besoin de son cœur pour vivre dans l'au-delà. C'est le centre de la personne, ce qui fait ce que nous sommes.

Nous remplissons le torse vide de sciure de bois afin de lui redonner sa forme puis, comme mère l'avait dit, nous scellons la plaie avec de la cire. Ce travail, en plus des prières à réciter et de l'encens à faire brûler, nous prend toute la journée. Mais alors qu'elle touche à sa fin, je continue à m'inquiéter de la disparition de son cœur. Un proche du roi est intervenu, et a pris quelque chose qui ne lui appartenait pas.

Le jour suivant, nous commençons à envelopper le corps. Nous entourons de bandelettes chaque doigt, chaque orteil. Nous nous arrêtons parfois pour dire une prière à Amon ou à Osiris, ou encore pour glisser une amulette qui aidera Kyky lors de son voyage. Nous y mettons un soin méticuleux. Cela nous prend des jours et des jours – quinze en tout. Nos dos sont brisés, mais le corps de Kyky est fort et robuste, bien plus qu'il ne l'a jamais été.

Le tombeau étant presque prêt, les funérailles ont lieu. Par une journée claire et venteuse, nous empruntons le chemin qui descend dans la vallée, et les cris des pleureurs et des pleureuses résonnent contre les parois rocheuses. Soixante-dix jours ont passé, et ma culpabilité est toujours aussi vive. Notre ami me manque, j'ai l'impression d'avoir perdu un membre de ma famille. Et je ne sais toujours pas comment a disparu son cœur.

Pendant toute la cérémonie, mon frère reste sombre et silencieux. Le rituel d'ouverture de la bouche est réalisé par Aÿ lui-même. Au moment où il pose la main là où doit se trouver la bouche de Kyky, je jette un regard à Maya. Mon frère reste muet. L'air est lourd de non-dits.

Le premier et le deuxième cercueil, entièrement dorés, sont magnifiques. Il semblerait qu'Aÿ ait enfin fait honneur à son filleul. Malgré tout, lorsque le dernier couvercle est abaissé sur le sarcophage, on découvre qu'il ne peut pas fermer. Un silence gêné suit. Aÿ se met à débiter les pires sottises et à rejeter le blâme sur les autres.

Maya donne un grand coup de poing dans un mur, puis sort de la chambre d'un pas lourd. J'ai peur qu'on ne lui coure après, mais non. Tout le monde est trop préoccupé par le couvercle.

On appelle un ouvrier. Les pieds du deuxième cercueil sont trop grands.

– Coupez-les, ordonne Aÿ sans ménagement.

L'ouvrier obtempère en maugréant jusqu'à ce que les deux pieds tombent sur le sol dans un bruit sourd. Je serre les dents. Les dégâts sont ensuite réparés avec de la résine. C'est un travail de chien, indigne d'un pharaon. Dans le tombeau lui-même, les murs sont couverts de dessins peints à la hâte, encore humides.

La cérémonie se poursuit. Qu'il est dérangeant de demander aux dieux de guider notre pharaon, tandis que deux pieds cassés gisent par terre. Les prières enfin finies, nous sortons du tombeau. Je suis soulagée de retrouver le soleil.

Par la suite, on entasse dans la tombe toutes sortes d'objets divers : roues de char, paniers remplis de tissus, cannes, trompettes, plateaux de fruits, jarres d'huile, fleurs nouées. Des chabtis sont placés devant la porte pour la garder, ainsi que des épées et des coffres. À part les cannes, je ne vois pas ce qui pourrait servir à Kyky dans sa vie future. Je ne reconnais aucun des objets comme lui ayant appartenu. Je me demande si Aÿ n'a pas tout simplement fait vider un débarras du palais...

Au-dessus de nos têtes, tout en haut de la montagne, mon œil est attiré par une silhouette blanche qui gravit les rochers. Elle se dirige vers la tombe à moitié creusée où Kyky aurait dû reposer. Ma bouche devient sèche. C'est Maya. Je suis terrifiée à l'idée qu'il saute ou qu'il nous jette des pierres par colère. Il ne fait ni l'un ni l'autre, mais disparaît dans la paroi rocheuse.

Et, comme un loquet qui s'ouvre soudain, je devine ce qu'est devenu le cœur de Kyky. C'est Maya qui l'a pris. Sans lui, notre pharaon n'est pas entier, ce qui signifie qu'il ne pourra pas accomplir son voyage dans l'au-delà.

Tel est le vœu de Maya.

Il sait à quel point Kyky aurait aimé être un garçon ordinaire. Le jour où il a été sacré roi fut le plus triste de sa courte vie – c'est ce qu'il a confié à Maya. Il ne trouvait de joie que dans l'amitié, pas dans les luttes cruelles entre les membres de sa famille, qui ne s'intéressaient à lui que pour satisfaire leurs propres besoins. Continuer à jouer son rôle de pharaon dans l'au-delà aurait été une torture pour Kyky – pas une récompense. Peut-être qu'ainsi, avec son cœur caché au sein de la montagne, notre cher ami trouvera enfin la paix.

Séchant mes larmes, je jette un regard à Aÿ, craignant qu'il n'ait remarqué ce qui se passait au-dessus de nos têtes. Mais il continue à surveiller les funérailles, se repaissant de sa propre gloire. Il croit avoir fait son devoir et marqué son respect pour le filleul qu'il a tant maltraité quand il était en vie. Jamais je ne le laisserai lire mon récit des derniers jours de Toutânkhamon. Lorsqu'il me le demandera, je lui mentirai et lui dirai qu'il est tombé dans les flammes.

Si les calculs de Maya sont justes, chaque année, un merveilleux jour d'hiver, les rayons du soleil tomberont à l'endroit précis où repose Kyky. Je regarde mon frère mince et maladroit, devenu si sérieux ces derniers jours, et je repense à un dicton qu'affectionnait la grand-mère tant aimée de Kyky : « La noix ne révèle rien de l'arbre qu'elle recèle. »

Pour moi, ce dicton parle du bonheur. Une noix qui paraît morte et sèche peut, avec le temps, se transformer en un somptueux arbre vert.

Rassurez-vous, je ne jetterai pas mon récit au feu. Je l'enterrerai dans cet endroit paisible que Maya a choisi pour notre ami. Puis, lorsque mon heure sera venue – et celle de Maya –, nous le rejoindrons. Nous nous retrouverons dans l'au-delà.

Quatrième partie

« Le jeune pharaon apparut enfin sous nos yeux. »
Howard Carter, archéologue

14

Tulipe fut la première à parler :

– Saperlotte ! Je n'ose pas imaginer ce que donnerait Howard Carter pour lire ça !

Peu m'importait Howard Carter ; j'étais tellement secouée que je sentais la tête me tourner, et j'étais heureuse d'être assise.

– Le cœur de Kyky n'a pas pu se conserver jusqu'à aujourd'hui, n'est-ce pas ? demandai-je.

C'était une pensée folle. Pourtant, le professeur Hanawati n'avait-il pas évoqué un objet enveloppé de tissu, coincé au fond du vase ?

– Nous ne le saurons qu'en regardant, dit Tulipe.

La simple idée qu'un cœur vieux de trois mille ans se trouvait encore dans le vase me perturbait. Une part de Kyky était peut-être avec nous – son sang, ses cellules.

Je pris une profonde inspiration. Le vase était posé sur la couchette entre nous, grand ouvert. M'armant de courage, je plongeai la main à l'intérieur. Je m'attendais presque à toucher quelque chose de visqueux et de sanguinolent mais, naturellement, tout était sec, et le petit paquet se détacha facilement du fond du vase. Je me retrouvai avec, dans la main, un morceau de tissu soigneusement plié, comme un mouchoir.

– Ouvre-le ! me pressa Tulipe.

J'hésitai. Le tissu paraissait fragile.

– Je ne suis pas sûre que ce soit une bonne idée, dis-je. Et s'il tombe en miettes ?

– J'aimerais vraiment le voir, Lil, dit Oz, qui s'était rapproché bien plus près de moi qu'il n'en avait l'habitude.

En vérité, il n'était pas le seul.

– Je vais essayer tout doucement, alors, et si je vois qu'il menace de se désagréger ou de se rompre, j'arrête, d'accord ?

Les deux autres acquiescèrent.

Avec la plus grande délicatesse, je dépliai l'un des coins. Puis un autre. Si incroyable que cela paraisse, le tissu ne se déchira pas. Au fur et à mesure que je retirais les différentes épaisseurs, si fines, j'approchais de quelque chose de solide. Mon impatience n'avait d'égal que mon inquiétude. C'était à la fois immoral et fascinant d'observer le cœur d'une personne morte. Tandis que je m'appliquais, un frisson me parcourait l'échine.

– Attention! chuchota Tulipe contre mon épaule alors que je retirais la dernière couche.

Je cessai tout à fait de respirer.

Le cœur de Kyky s'offrait à nos yeux, lové dans le creux de ma main. De la taille d'un œuf de poule, il ressemblait à une motte de terre, friable et d'une couleur marron mouchetée – ou encore à la pointe rouillée d'une lance vieille de plusieurs siècles. Sa forme fuselée laissait malgré tout deviner que c'était un cœur. C'était incroyable.

– Ouah..., murmura Tulipe. Je n'ai jamais rien vu d'aussi impressionnant.

Oz s'approcha encore un peu.

– Lil, tu crois que je pourrais... ? commença-t-il en tendant la main.

– Non, Oz, l'interrompit Tulipe. Ce ne serait pas respectueux de le faire passer de main en main. Maintenant que nous l'avons tous vu, que Lil le remette à sa place!

Je l'enveloppai avec précaution, couche après couche, avant de le glisser dans le vase, dont je refermai le couvercle. Cela ne m'étonnait pas que Tulipe ait le souci de respecter Kyky. Il nous était devenu si proche que nous avions presque l'impression de le connaître.

Je repensai à grand-papa. Lysandra avait évoqué de fortes fièvres, des maladies pulmonaires, des pieds coupés… tout cela rappelait la façon mystérieuse dont frappait la malédiction. Dès que nous serions à Louxor, il nous faudrait trouver le tombeau de Kyky, et vite. La malédiction planait sur nous – comment savoir qui serait sa prochaine victime ?

– Chaque année, un merveilleux jour d'hiver…, murmurai- je, répétant les mots de Lysandra. Si nous savions à quelle date, nous pourrions peut-être déterminer à quel endroit frappent les rayons du soleil…

Tulipe secoua la tête.

– Trop compliqué. De toute façon, le calendrier n'était pas le même à l'époque.

– Vous vous égarez, grogna Oz en levant les yeux au plafond. Nous cherchons un endroit dans la paroi rocheuse, au-dessus des fouilles de M. Carter, et qui soit orienté à l'est.

À l'écouter, cela paraissait évident. Peut-être seraitce aussi simple que cela. Au moins en savions-nous bien davantage qu'il y avait quelques jours.

– Tu as raison, Oz, déclarai-je. C'est par là qu'il faudra commencer.

En vérité, l'idée de devoir chercher sous les yeux de M. Carter me rendait très anxieuse. Je me souvenais du jeune homme à bord du train, qui m'avait conseillé de garder un œil sur lui. Personne ne semblait faire pleinement confiance à M. Carter. Il fallait éviter à tout prix qu'il mette la main sur le vase. Vingt ans plus tôt, il l'avait dénigré, mais s'il venait à apprendre ce que nous savions, il voudrait l'examiner, le confier à un musée ou, pire encore, le garder pour lui. Jamais le vase ne retrouverait sa véritable place, dans le petit tombeau de Maya.

Tulipe tira sur sa lèvre inférieure, son regard s'attardant pensivement sur le vase.

– Quelle histoire, vous ne trouvez pas ?

Je hochai la tête. Oui, quelle histoire ! Bien différente de celle que racontaient les journaux, qui n'en avaient que pour M. Carter. Ce qui n'était pas sans soulever un problème de taille, pensai-je soudain, assombrie. Car nous étions en route vers l'Égypte en compagnie de Mme Mendoza – journaliste en quête d'une exclusivité.

– Tulipe. Oz.

Je les regardai tour à tour dans les yeux.

– Pas un mot à votre mère, c'est entendu ?

Tulipe acquiesça si vite que je crus que sa tête allait se dévisser, mais Oz se recula en fronçant les sourcils.

– C'est une sacrée information…

C'était indéniable. Et j'étais désolée pour Mme Mendoza, que j'aimais beaucoup. Cela lui aurait permis de rabattre le caquet de son prétentieux rédacteur en chef. Mais nous étions là pour remettre le cœur de Kyky dans un endroit secret et intime, pas pour l'exposer dans les journaux du monde entier.

– Si nous voulons mettre fin à la malédiction, nous devons rapporter le vase, lui rappelai-je. Ne pense pas au cœur de Toutânkhamon, mais à celui de Kyky, qui n'a jamais souhaité devenir célèbre.

– Mais c'est le genre de *scoop* qui pourrait lancer la carrière de mama, insista-t-il.

– Suffit, Oz, menaça Tulipe.

– Elle a besoin d'un article qui fasse la une, insista-t-il à nouveau.

Je pris une longue inspiration. Comment pouvais-je lui expliquer que je faisais cela pour mon grand-père, alors que lui ne désirait rien tant qu'aider sa mère ?

Ce fut Tulipe qui régla la question.

– Si tu en parles à qui que ce soit, je jure de dire à mama…

Elle hésita.

– De lui dire quoi ? la défia Oz.

– Qui tu as cru voir à la gare d'Athènes !

Je me tournai vers Oz, intriguée.

– Qui crois-tu avoir vu à la gare d'Athènes ? interrogeai-je, car c'était la première fois que j'en entendais parler.

Il parut soudain fâché et au bord des larmes.

– Je te le dirai pas. Tu me croirais même pas !

Une heure et demie plus tard, nous accostions à Alexandrie. Fouler enfin le sol égyptien me procura une émotion profonde ; j'aurais juré que mes plantes de pied me chatouillaient !

Là-bas, nous attrapâmes un train pour Le Caire. Je dus sombrer dans le sommeil, car lorsque je rouvris les yeux, il faisait jour. Oz et Tulipe dormaient encore. Mme Mendoza s'arrêta d'écrire pour désigner la fenêtre de son crayon.

– Regarde ! chuchota-t-elle. Le Caire !

Je me redressai en me frottant les yeux.

Nous entrions en ville. Les bâtiments qui entouraient la voie de chemin de fer étaient bas, couleur sable, tassés les uns contre les autres. Des arches ouvraient sur de petites cours intérieures, des ruelles et des avenues fourmillant de gens qui vaquaient à leurs occupations. Je vis des hommes en tunique blanche et des femmes voilées qui portaient des pots sur leur tête. J'aperçus ici et là, surplombant le reste de la ville, un minaret et le dôme d'une mosquée. Bien qu'il fût encore très tôt, la lumière était douce et tamisée. Puis je compris que cela provenait de la poussière soulevée par les charrettes, les ânes, les autos et les passants. Cela ressemblait à la brume au lever du soleil, certains jours d'été brûlants.

Je n'avais jamais rien vu d'aussi différent du Londres gris et humide que j'avais laissé derrière moi.

La ville était étrange et belle. Comme je l'avais imaginé, et davantage encore. À travers l'entrebâillement de la fenêtre, l'odeur du Caire parvenait jusqu'à mes narines : une odeur chaude, poussiéreuse, de fiente d'animal et de vieilles pommes.

J'imaginai grand-papa en train de faire ce même voyage, si longtemps auparavant ; il avait été assis là, comme moi, habité par le désir de ne pas en perdre une miette.

Bientôt, le train ralentit. Tulipe bâilla. Oz étira ses jambes et se réveilla.

– Nous sommes arrivés ! s'écria-t-il en clignant des yeux vers la vitre.

– Nous approchons de la gare du Caire, c'est exact, confirma Mme Mendoza.

Nous longions alors des avenues aussi larges que celles de Londres, et de hauts bâtiments blancs à l'allure luxueuse. Et comme à Londres, des marchands de rue et des vendeurs de journaux criaient pour se faire entendre par-dessus le vacarme de la circulation. Juste avant que le train n'entre en gare, j'aperçus un cheval gisant à terre, en pleine rue. Il portait encore son harnais et paraissait mort.

– Quelle horreur ! s'exclama Tulipe en se couvrant les yeux.

– Cela arrive aussi dans notre pays, tu sais, lui dit Oz.

Je n'avais jamais vu de cheval mort à Londres. Et le fait que personne ne se préoccupe du pauvre animal – les charrettes, les calèches, les autos et les ânes continuaient à défiler autour de lui sans s'arrêter – me rappela, dans un frisson, à quel point j'étais loin de chez moi.

15

Nous arrivâmes à Louxor un peu plus tard dans la matinée. Le Winter Palace était un hôtel on ne peut plus luxueux. Il se dressait sur les rives du Nil comme un gâteau géant recouvert de glaçage, flanqué de deux majestueux escaliers de chaque côté de l'entrée, et d'un rond-point pour accueillir les taxis. Pas du tout le style de grand-papa.

– C'est tellement chic, Tulipe ! chuchotai-je, tout en essuyant vigoureusement mes chaussures poussiéreuses sur le paillasson.

– C'est l'hôtel où il faut absolument être, me chuchota-t-elle en réponse.

Je voyais bien qu'elle était très excitée, mais moi, j'étais inquiète. Avec un vase de cette valeur dans ma valise, être entourée d'experts et d'archéologues n'était pas pour me rassurer.

– Est-ce que la Vallée des Rois est loin ? demandai-je.

– À quelques kilomètres sur l'autre rive.

Voilà au moins une bonne nouvelle ! Après une toilette rapide et un peu de repos dans notre chambre, nous profiterions de ce que Mme Mendoza était occupée à travailler pour filer discrètement. Quelques kilomètres, ce n'était rien, nous pourrions nous y rendre à pied.

Tulipe avait vu juste pour ce qui concernait M. Ibrahim ; interrogé, un des employés de l'hôtel assura qu'il ne connaissait personne de ce nom. Heureusement, nous n'avions plus besoin de lui, Lysandra nous avait fourni tous les détails nécessaires.

Tulipe avait également raison à propos de la clientèle de l'hôtel. Le hall de réception était rempli d'hommes en costume. Avec son sol en marbre et ses grands ventilateurs qui tournaient au plafond, la salle résonnait comme la piscine les jours de gala au collège. Et tout ce beau monde n'avait qu'un sujet à la bouche : les fouilles.

– … qu'a eu Carter jusqu'à ce que les Américains commencent à se plaindre…

– … les pilleurs de tombes ont pris tout l'or…

– … il règne dans cette vallée une atmosphère qui donne la chair de poule…

Tandis que Mme Mendoza se frayait un passage

jusqu'à la réception, nous patientâmes avec nos bagages. Malgré l'excitation, je me sentais épuisée. Les voix trop bruyantes et la lumière trop vive m'agressaient. Le pauvre Oz tenait à peine sur ses jambes, mais Tulipe avait, elle, de l'énergie pour trois.

– Captivant, pas vrai ? s'exclama-t-elle, tandis que ses yeux curieux furetaient partout. En revanche, je ne vois pas une seule femme…

– En voilà une.

Je lui désignai une jeune femme assise seule à une table. Elle avait une coupe au carré à la mode, qui ressemblait à celle de Mme Mendoza.

Tulipe parut ravie.

– Sais-tu qui c'est ?

Je secouai la tête.

– Lady Evelyn, m'annonça-t-elle en baissant la voix. La fille de Lord Carnarvon. C'est elle qui avait amené le canari.

J'avais lu des choses sur elle dans les journaux bien avant l'épisode du canari. Comme son père, elle collectionnait les antiquités et ne craignait pas de se salir les mains pour dénicher de belles pièces.

Me retrouver à moins d'un mètre d'une des personnes les plus impliquées dans les fouilles de Carter ne fit rien pour calmer mes nerfs.

Dieu merci, à cet instant Mme Mendoza réapparut.

Quelque chose n'allait pas. Tout en s'éventant furieusement avec une feuille de papier, elle nous annonça la nouvelle :

– Vous ne le croirez pas, mais nous ne pouvons pas rester ici. Absolument toutes les chambres sont prises.

– Non, mama, ce n'est pas possible, insista Tulipe.

Je lui jetai un regard éloquent afin qu'elle évite de se trahir.

– *Je les ai réservées, je le jure*, articula-t-elle dans ma direction.

Mais elle eut le bon sens de se taire.

– Oh, ajouta Mme Mendoza, comme si cela lui revenait d'un coup. Voilà pour toi, Lil.

C'était un télégramme de Londres. Il était signé de maman et était daté du matin même, dix heures. Je passai anxieusement la langue sur mes lèvres. Je ne voyais qu'une seule raison qui aurait pu contraindre maman à m'envoyer un télégramme : grand-papa.

Je craignais de l'ouvrir, et cependant je n'avais pas le choix. Je profitai de ce que les autres discutaient des chambres pour m'écarter discrètement.

GRAND-PAPA CONTENT TE SAVOIR ICI – *STOP* – ÉTAT SE DÉGRADE – *STOP* – TE DIT AU REVOIR

Je ne voulais pas pleurer, et pas davantage m'effondrer sur ce beau sol en marbre, mais, en lisant ces mots, je crus bien que j'allais faire l'un et l'autre.

– Qu'est-ce que c'est, Lil ? me demanda Tulipe, soucieuse.

– De mauvaises nouvelles, avouai-je.

Tulipe changea d'expression.

– Oh, non ! Il n'est pas…

– Pas encore, m'empressai-je de répondre avant qu'elle ne prononce le mot fatidique. Mais il n'en est plus très loin, il faut absolument aller dans la vallée aujourd'hui !

Elle comprit.

– Mama ? Est-ce que nous pouvons trouver un endroit *pronto*, s'il te plaît ? Lil et moi, nous sommes é-rein-tées !

– M. Ahmet, à la réception, connaît un endroit charmant, déclara une voix dans notre dos. Si cela ne vous dérange pas de vous installer un peu plus loin sur le fleuve…

Nous nous retournâmes.

Alors que tous les hommes présents portaient une veste, celui qui nous avait adressé la parole se trouvait en bras de chemise. Il avait la peau tannée par le soleil et de grandes dents éclatantes de blancheur au milieu d'un visage buriné. Mon sang ne fit qu'un tour.

Howard Carter.

– Bonjour, Madeleine ! s'écria-t-il d'une voix tonitruante. Ne me dites pas ce qui vous amène, je le sais !

Il me fallut quelques secondes pour comprendre

qu'il parlait à Mme Mendoza. Je sentis ma mâchoire se décrocher – il *connaissait* Mme Mendoza ! Elle tendit la main. J'avais toujours vu les hommes la lui baiser, mais Howard Carter la serra.

– Vous ne nous avez pas fait déplacer pour rien, j'espère, Howard, le taquina-t-elle. Vous avez réellement trouvé quelque chose, là-bas dans le désert ?

D'instinct, j'attrapai la poignée de ma valise. Je n'osai même pas glisser un regard vers Tulipe et Oz. Je n'en revenais pas que leur mère et Howard Carter s'appellent par leur prénom !

M. Carter jeta un coup d'œil par-dessus son épaule, puis se pencha vers elle.

– Ça, oui, j'ai trouvé quelque chose !

– Howard ! appela Lady Evelyn en se levant.

Un homme plus âgé, qui venait de la rejoindre, se dirigea vers nous, main tendue.

– Je crois que nous ne nous sommes jamais rencontrés, dit-il à Mme Mendoza. Lord Carnarvon. Ravi.

Je donnai un coup de coude à Tulipe, qui m'en donna un en retour. Toutes deux nous fixâmes avec intérêt le petit homme fluet qui se trouvait devant nous. C'était son argent qui finançait les fouilles. Son amour des antiquités l'avait entraîné à des milliers de kilomètres de chez lui et pourtant, curieusement, je ne décelai pas la moindre lueur d'excitation dans son regard. Il avait l'air absolument exténué.

– Papa, nous ne sommes pas obligés de parler à tous les journalistes que nous rencontrons ! se plaignit Lady Evelyn, mettant fin à la rencontre avant même qu'elle ait vraiment commencé. Le nouveau reporter du *Washington Post* n'est pas encore arrivé qu'il a déjà envoyé un câble à l'hôtel pour te soutirer une interview !

Mme Mendoza pinça les lèvres, comme Tulipe lorsqu'elle était en colère. Le rédacteur en chef n'avait pas menti, le remplaçant était bel et bien en route. Néanmoins, nous étions arrivés avant lui.

La conversation dévia, comme si les journalistes étaient un sujet douloureux. Lord Carnarvon, au sourire presque aussi charmant que celui de Mme Mendoza, nous salua, avant de s'éloigner avec sa fille.

– Si vous n'avez nulle part où résider, Madeleine, l'offre tient toujours, reprit M. Carter, retrouvant son ton jovial. C'est un peu plus loin en descendant le Nil. M. Ahmet, à la réception, vous y conduira.

Un ferry nous emmena de l'autre côté du fleuve. Pendant le trajet, Mme Mendoza ne cessa de remercier M. Ahmet avec effusion.

– En outre, ajouta-t-il fièrement, c'est très près de la Vallée des Rois. Vous voyez ?

Il tendit le doigt vers l'arrière-pays. Au-delà des rives luxuriantes s'étendait un paysage aride et nu.

Entre les deux se dressait une maison, près de laquelle des automobiles garées étincelaient au soleil.

– Comment s'y rend-on ? demandai-je, m'efforçant de paraître désinvolte.

– Vous suivez la piste jusqu'à Castle Carter, expliqua M. Ahmet. Vous continuez sur la route principale pendant trois, peut-être quatre kilomètres. La vallée se trouve sur la gauche.

Je tentai de mémoriser toutes ces informations.

– Castle Carter ? Est-ce le nom de la maison ?

– C'est la maison de M. Carter. Vous voyez, il vit juste à côté de l'endroit où vous allez habiter ! C'est une grande chance, non ?

– Il veut nous garder à l'œil, oui, marmonnai-je, tandis que nous traînions à l'écart des adultes. Voilà pourquoi il nous l'a recommandé…

– Mais nous aussi, nous allons garder un œil sur lui, n'est-ce pas ? insista Tulipe.

C'était mot pour mot ce que m'avait conseillé le jeune homme du train. Je me souvenais aussi de la mise en garde de grand-papa, qui m'avait dit que M. Carter éblouissait les gens comme un roi-soleil. Mais visiblement, tout le monde ne se méfiait pas de lui. M. Ahmet semblait avoir succombé à son charme.

Sur l'autre rive, nous dûmes longer le fleuve, passer devant des pêcheurs et des hommes qui réparaient des bateaux. Nous étions talonnés par des chiens errants qui reniflaient nos chaussures. J'eus l'impression que la marche durait une éternité. La chaleur était accablante. Un jour comme celui-ci, à Londres, nous l'aurions passé assis sur un banc dans le parc à manger des glaces. Ici, les hommes portaient une *jalabiya* – une longue tunique – recouverte d'une veste, d'un chandail ou d'un gilet en tricot. Quelques-uns portaient même des turbans ou des écharpes.

– L'hiver égyptien, dit Tulipe en relevant ses cheveux pour dégager sa nuque. Imagine un peu à quoi doit ressembler l'été !

Nous vîmes un garçon de notre âge, pieds nus dans sa *jalabiya*, une énorme écharpe en laine autour du cou. Il s'occupait de deux chameaux à l'air maussade ; lorsqu'il nous aperçut, un sourire éclaira son visage, et malgré mon humeur massacrante, je parvins à m'arracher un sourire.

– Ne lui donne pas de faux espoirs ! me mit en garde Tulipe. Il va croire que tu veux lui acheter ses chameaux.

– Parce que ses chameaux sont à vendre ? s'enquit Oz.

– Ils sont peut-être à louer, dis-je en désignant les tapis rectangulaires installés sur leur bosse.

Sur chacun des tapis était disposé une sorte de

bât en bois, auquel on devait pouvoir s'agripper. Je ne pus cependant me figurer comment on devait s'y asseoir.

Tulipe s'esclaffa en désignant le chameau le plus proche de nous.

– Ah ! Celui-là te ressemble, Oz !

Oz goûta très peu la plaisanterie.

Peu après que nous eûmes dépassé les chameaux, le chemin devint moins marqué et les palmiers plus nombreux. Je traînais la jambe. Si nous continuions à marcher de la sorte, nous allions nous retrouver au Caire ! Enfin, j'aperçus au loin une jetée où était amarré un long bateau qui ressemblait un peu à une péniche.

– *Dahabieh*, déclara M. Ahmet en le désignant du doigt. Pour vous, mes amis, aussi longtemps que vous voulez.

Je laissai échapper un petit cri. C'était, à n'en pas douter, un merveilleux endroit où habiter. Le bateau était long et bas, avec un magnifique balcon blanc qui étincelait au soleil. Sur le pont se trouvaient disposés des hamacs et des fauteuils pour se détendre et de l'intérieur nous parvenait une délicieuse odeur de plat mijoté aux herbes.

– Mais je crois que Lil en a soupé des bateaux, n'est-ce pas ? me demanda Tulipe en souriant, me rappelant quel piètre marin j'avais fait lors de la traversée vers Athènes.

– Certes, mais celui-là, je l'adore, avouai-je.

À l'étincelle dans son regard, je compris qu'elle aussi.

Je fus frappée, une fois de plus, par son intelligence – ce n'était pas un savoir livresque, comme chez Oz ou Alex, mais une étonnante capacité à comprendre les gens. Elle avait senti que j'avais besoin d'aide et s'était précipitée à mon secours. Elle avait pris nos billets de train sans sourciller, et tenté de réserver les meilleures chambres d'hôtel. Sans elle et sa famille, je serais encore à Londres, à attendre les bras croisés que grand-papa passe de vie à trépas. Ici, nous avions de bonnes chances de réussir.

– Merci, Tulipe, dis-je. Pour tout.

Elle me regarda avec ce sourire bancal, plein d'assurance, que j'avais appris à aimer.

– Tu me diras merci plus tard. Beaucoup de choses peuvent mal tourner.

Elle avait raison, cette fois encore, ainsi que j'allais le découvrir.

16

Si j'avais suivi mon impulsion, je serais repartie à peine nos bagages déposés dans nos cabines. Mais les deux autres étaient fatigués et j'acceptai à contrecœur de prendre le temps de manger. Nous étions en début d'après-midi. La chaleur, sur le pont, était supportable. Assis sur d'immenses coussins, nous dégustâmes du poisson enveloppé dans du pain, servi avec des tomates, des oignons rouges et une herbe qui ressemblait au persil, mais avec un léger goût de savon, absolument délicieuse.

Tout en mangeant, je surveillais Mme Mendoza du coin de l'œil. Je savais que, tôt ou tard, elle se retirerait pour écrire et que nous pourrions nous mettre en route pour la Vallée des Rois. Tel était du moins notre plan.

Mais en fin de compte, je m'endormis et, lorsque

je me réveillai, c'était déjà le milieu de l'après-midi. Je me redressai péniblement, la bouche sèche, encore embrumée.

– Pourquoi tu ne m'as pas réveillée ? demandai-je à Tulipe, qui se prélassait, les pieds en hauteur, en buvant un thé glacé.

J'étais contrariée d'avoir perdu tant de temps.

– Tu avais besoin de repos, rétorqua-t-elle.

Mme Mendoza n'était nulle part en vue.

– Mama est allée à un cocktail donné à l'hôtel, m'indiqua Tulipe.

– Dans ce cas…

Je croisai son regard. Elle acquiesça, puis siffla le reste de sa boisson. Il était temps de partir.

Dans la cabine que je partageais avec elle, je fouillai ma valise pour trouver la sacoche contenant le vase, essayant d'ignorer ma nervosité. De retour sur le pont, je trouvai Oz en train de s'installer dans un hamac avec une brassée de livres. Je me sentis coupable de briser sa tranquillité.

– Hein, maintenant ? protesta-t-il lorsque je l'informai que nous partions.

– Oui, maintenant, répondit Tulipe avec agacement.

– Si nous partons tout de suite, nous aurons encore la lumière du jour, insistai-je. Déjà que nous ne sommes pas sûrs du chemin…

– … et qu'une fois sur place, il nous faudra escalader la falaise, ajouta Tulipe en grimaçant.

Je lui serrai l'épaule ; moi non plus, je n'étais guère pressée d'affronter cette étape.

Au début, la marche ne fut pas particulièrement difficile. La température s'était rafraîchie et le chemin que nous avait indiqué M. Ahmet était plat et bien balisé. J'avais beau être épuisée, je n'aurais pas pu rester me reposer. Le télégramme de ma mère me l'interdisait.

Alors que nous nous éloignions du fleuve, le chemin s'enfonça entre deux parois de pierre puis, lorsqu'il remonta, Castle Carter se dressa devant nous. La maison était imposante, carrée et austère. Tous les stores étaient baissés, même s'il y avait visiblement quelqu'un à l'intérieur, car on entendait des notes de jazz provenant d'un phonographe. Les autos étaient toujours garées dehors.

– Il y a quelque chose, chez cet homme, que je ne sens pas, déclara Tulipe.

– Moi pareil, approuvai-je.

Quelques centaines de mètres plus loin, nous rejoignîmes la route principale, où circulaient des autos, des carrioles et des chameaux, tous soulevant des nuages de poussière.

– C'est à trois kilomètres dans cette direction, je crois, dis-je en tendant le doigt.

En réalité, nous n'avions pas parcouru deux kilomètres que, sur notre gauche, la route plongea brusquement.

Là se déployait face à nous, comme une fresque murale, la vue la plus spectaculaire que l'on pût imaginer. La vallée entière n'était que roche nue. Ni arbre, ni herbe, pas même un buisson. Tout était de la même couleur pâle et dorée, s'étendant à l'infini sous le soleil couchant.

Oz, qui paraissait à moitié endormi, se réveilla d'un coup.

– J'aurais dû apporter mon carnet de croquis ! Je veux dessiner le paysage ! Sous tous les angles possibles !

– Tu pourras, le rassura Tulipe, mais plus tard.

– Là-bas, regardez ! Je parie que ce sont les fouilles de Carter.

Je désignais du doigt l'endroit où la route disparaissait derrière un rocher qui faisait saillie. On n'apercevait pas vraiment d'excavation, mais quelques tentes blanches, des ânes attachés, des hommes portant des paniers sur la tête. Des câbles électriques couraient sur le sol. Un homme tentait de prendre des photographies, gêné par le passage incessant des jeunes porteurs d'eau.

– Je n'arrive pas à croire que c'est vraiment là ! souffla Oz. La Vallée des Rois !

Curieusement, j'arrivais très bien à y croire. L'étrange sensation de peur était revenue, et un frisson me parcourut l'échine.

– Je n'aimerais pas être enterrée ici, déclara Tulipe.

Je partageais son sentiment : face à cette roche nue, à ce ciel immense, on se sentait minuscule, comme menacé. C'était un endroit où l'on pouvait trouver la mort – si tant est qu'on ne le soit pas déjà. Et quelque part, loin de toute l'agitation, des porteurs d'eau et des câbles électriques, là était le lieu qu'avait choisi Maya pour que son ami repose en paix.

Le défi, à présent, était de retrouver cet endroit sans se faire voir de Howard Carter. En restant de ce côté de la vallée, nous échapperions à sa vue le temps de la descente. Sauf qu'il n'y avait pas de chemin à proprement parler. Et de là où nous étions, la paroi paraissait terriblement abrupte. Visiblement, les deux autres s'attendaient à ce que je prenne la direction des opérations.

– Allons-y lentement, lançai-je par-dessus mon épaule, tout en m'engageant dans la pente. Et ne regardez pas vers le bas, ajoutai-je, après qu'un bref coup d'œil vers le fond de la vallée m'eut donné le tournis.

Une fois en marche, ce fut plus facile que je ne le craignais. Nous avions parcouru un quart du chemin lorsque j'entendis Oz m'appeler. Je me retournai : il tendait le doigt vers l'horizon.

Le soleil avait changé. Alors qu'il était bas et rouge quelques instants auparavant, il s'était obscurci, comme caché par un nuage. Sauf que ce n'était pas un nuage, mais un immense mur de poussière qui se rapprochait à une vitesse inquiétante. En quelques secondes, nous nous retrouvâmes plongés dans un brouillard jaune, chaud et râpeux – rien à voir avec la purée de pois londonienne. Mes yeux me piquaient, ma bouche était complètement sèche. Je ne voyais plus rien que le sable qui tourbillonnait. Nous nous figeâmes en pleine pente. Un geste malheureux et l'un de nous pouvait basculer dans le vide.

– Hou là, c'est horrible ! cria Tulipe.

Je fus soulagée d'entendre le son de sa voix. Elle passa un bras autour de ma taille, puis le second, et elle se blottit contre moi, enfouissant son visage entre mes omoplates.

– Oz ! criai-je. Tu es là ?

Pas de réponse.

– Il faut attendre la fin, dis-je tout en priant intérieurement pour qu'il ne commette pas d'imprudence.

J'avais entendu parler des tempêtes de sable, mais rien ne m'avait préparée à ça. Le ciel était devenu aussi sombre que lors d'un orage. Le vent chargé de sable nous fouettait le visage. Je plaquai la main sur ma bouche. Fermai les yeux. Dans mon dos, j'entendis Tulipe gémir :

– C'est affreux !

– Évite de parler !

Je n'avais aucune idée de la distance qui nous séparait du vide. Nous n'avions rien à quoi nous raccrocher. Il n'y avait plus que du sable, partout. Dans l'air. Par terre. Dans mes oreilles, mes narines, crissant entre mes dents. Même en entrouvrant légèrement les yeux, je ne voyais pas plus loin que ma main.

J'eus l'étrange sentiment que cette tempête n'était pas due au hasard. Peut-être étaient-elles fréquentes dans cette contrée, cependant j'en doutais. Il y avait eu une tempête de sable le jour de la mort de Kyky. Un homme jeune, surpris par le mauvais temps, avait péri.

Je me redressai, prise de panique.

– Oz ? Où es-tu ? Réponds-moi si tu m'entends !

D'au-dessus de nos têtes nous parvint un gémissement. Tulipe s'était relevée elle aussi.

– Tiens bon ! Nous arrivons ! hurlai-je.

Mon cœur battait à tout rompre. Je pouvais à peine respirer et je n'avais pas le moindre repère. Je ne savais qu'une seule chose : Oz était là, quelque part dans la falaise, et je devais le retrouver.

– Reste où tu es ! lui cria Tulipe d'une voix stridente.

L'entendit-il ? Je n'en sais rien. Le vent et le sable continuaient à tourbillonner autour de nous. Je me déplaçai à petits pas, centimètre par centimètre, terrifiée à l'idée de poser le pied dans le vide. Tulipe s'accroupit derrière moi. Je devais me fier à mon intuition. Oz ne pouvait pas être loin. Lorsque j'entraperçus une vague silhouette bleue, et que le vent commença à tomber, je faillis me mettre à courir.

Je l'aurais heurté de plein fouet ; pas Oz, qui était sagement assis par terre – couvert de poussière, et indemne –, mais un homme vêtu d'une *jalabiya* à rayures grises.

Il criait en agitant les bras :

– Vous êtes fous de vous promener en pleine tempête de sable ! Où vous avez la tête ?

Tulipe s'élança vers Oz, me laissant affronter seule l'homme qui gesticulait. Alors que la tempête retombait, je vis que ce n'était pas un homme, mais le garçon qui s'occupait des chameaux, et il ne souriait plus du tout.

– Vous n'êtes pas sur une plage anglaise ! nous hurla-t-il. Il faut connaître le ciel, connaître les signes avant-coureurs ! La vallée est un endroit étrange dont l'humeur change vite ! Elle est dangereuse pour ceux qui ne la comprennent pas !

Je me sentis embarrassée.

– Merci d'avoir pris soin d'Oz. Nous te sommes très reconnaissantes, dis-je.

Tulipe, qui avait retrouvé son sourire, voulut lui serrer la main, mais il recula.

– Vous, les Anglais, vous venez avec vos autos et vos câbles électriques et vous croyez que vous pouvez faire ce que vous voulez ! Mais ça ne se passe pas comme ça, ici, c'est différent ; il faut du respect et de la patience.

Je compris alors qu'il avait une dent contre M. Carter. Et lorsque Tulipe lui demanda, de sa voix la plus aimable, comment descendre dans la vallée, elle ne fit que renforcer sa conviction que nous, les Anglais, étions tous les mêmes.

Il nous indiqua par où passer. Mais ses explications longues et compliquées nous menèrent par monts et par vaux, avant de nous renvoyer sur la rive du fleuve, d'où nous étions partis. Le garçon nous avait fourvoyés, exprès. C'était exaspérant. La nuit était presque tombée.

– Que faisons-nous, maintenant ? demanda Tulipe, visiblement lasse.

Je secouai ce qui restait de sable dans mes cheveux et changeai ma sacoche d'épaule.

– Nous allons sur le site des fouilles, puis nous grimpons, dis-je. Le plan n'a pas changé.

Tulipe hocha la tête.

– Tu as raison. Il faut réessayer.

Oz ne prononça pas un mot, mais il fut le premier à tourner les talons en direction du désert.

17

Je ne m'attendais pas à ce que les soirées égyptiennes fussent si fraîches. Sous ce ciel clair et étoilé, avec la brume qui montait du fleuve, on aurait pu se croire en Angleterre. Et pourtant, impossible de s'y tromper ; le vrombissement des insectes comme cette odeur si particulière – mélange de poussière, de sueur et de menthe – étaient là pour me rappeler où j'étais. L'excitation m'était revenue, et avec elle la peur. Je la percevais aussi chez mes camarades : Tulipe était inhabituellement silencieuse ; Oz, qui cheminait en tête, sifflait entre ses dents.

Cette fois, lorsque nous arrivâmes près de Castle Carter, nous ne vîmes qu'une seule lumière au rez-de-chaussée. Les autos n'étaient plus là.

– Il sera allé au cocktail, dis-je, réfléchissant à voix haute.

Nous hâtâmes cependant le pas. Nous atteignions

la route principale quand Tulipe, qui marchait en queue, poussa un cri soudain.

– Ahhh ! J'ai été mordue !

Malgré la pénombre, je vis qu'elle se tenait le pied, le visage déformé par une grimace. Je l'aidai à s'asseoir le plus doucement possible, puis je m'accroupis près d'elle.

– Ça saigne ?

– Je ne crois pas.

Elle serra les dents et regarda.

– Ah…

– As-tu pu voir ce qui t'a mordue ? voulut savoir Oz. Était-ce un serpent ou un chien ?

Ni l'une ni l'autre de ces deux hypothèses ne me rassurait.

– Il faut qu'on t'examine, déclarai-je.

Tandis qu'Oz allumait sa torche, Tulipe baissa à contrecœur sa chaussette. Nous aperçûmes alors une marque rouge vif sous sa cheville mais, Dieu merci, pas de sang.

– Penses-tu pouvoir te relever ?

– Oui.

Une fois sur ses jambes, elle ne put enchaîner plus de quelques pas. La douleur la faisait haleter. Je sentis les larmes me monter aux yeux.

– Interdiction de pleurer, déclara Tulipe d'un ton ferme. Ça va passer.

Mais il était évident qu'elle ne pourrait pas marcher trois kilomètres dans la nuit et, pour finir, escalader une paroi rocheuse. Il fallait la ramener sur le bateau, faire chercher Mme Mendoza – et sans doute un docteur.

– Ça non, protesta-t-elle. Je viens avec vous, quand bien même je devrais marcher à quatre pattes !

– Mais nous ne savons pas ce qui t'a attaquée. C'est peut-être une bête venimeuse.

Le désert regorgeait de bestioles en tout genre, serpents à sonnette ou araignées mortelles ; si l'une d'entre elles avait mordu Tulipe, elle était en danger.

Mais celle-ci s'entêta.

– Je suis sérieuse, Lil. Après toutes les épreuves que nous avons traversées pour arriver ici, je ne vais pas renoncer à cause d'une stupide morsure.

– Ça ressemble plutôt à une piqûre, fit remarquer Oz.

Mais comment nous en assurer ? Si seulement quelqu'un pouvait l'examiner…

Oz interrompit mes pensées :

– Il va falloir la porter pour le retour…

– Lil n'est pas une bête de somme ! protesta Tulipe.

Certes, mais cela me donna une idée…

Je n'eus aucune peine à retrouver le garçon aux chameaux. Ce fut ses bêtes que je distinguai en premier, en train de somnoler sur l'herbe de la rive. M'apercevant, l'un d'eux grogna. L'autre me fixa en mâchonnant et cracha sur le sol. On peut rêver accueil plus chaleureux, mais après l'épisode de l'après-midi, je n'escomptais pas mieux.

Le garçon, accroupi, faisait cuire des œufs sur le feu.

– Bonsoir, dis-je, essoufflée d'avoir couru. Je crains d'avoir à nouveau besoin de ton aide.

Il remua ses œufs jusqu'à ce qu'ils crépitent dans la poêle. Je supposai qu'il était encore fâché d'avoir dû nous secourir.

– Je suis désolée pour l'histoire de la tempête de sable, dis-je, essayant de me montrer aussi polie que Tulipe. Mais mon amie s'est fait mordre et j'espérais que tu pourrais l'aider.

Le garçon retira sa poêle des flammes et se releva. Il portait encore son énorme écharpe, ce qui amincissait son visage et faisait briller son œil déjà vif.

– Ce n'est pas seulement à cause de la tempête de sable que je suis fâché, dit-il. Tout à l'heure, quand vous êtes passés sur la rive, vous avez été très grossiers.

Pensant qu'il faisait allusion à la blague de Tulipe, quand elle avait comparé l'un des chameaux à Oz, je tentai de me justifier :

– Mon amie a voulu plaisanter, rien de plus. Ce n'était pas pour se moquer de toi.

Mon explication me parut si faible que je rougis.

– Faisons les choses comme il faut, cette fois, déclara le garçon en s'essuyant la main avant de me la tendre. Je suis Pepe, et mes chameaux s'appellent Charlie et Chaplin, en l'honneur du célèbre artiste.

– Je m'appelle Lil, balbutiai-je, tout en lui serrant la main. J'adore les noms de tes chameaux !

Pepe ne sourit pas.

– Nous sommes des gens honnêtes et nous avons notre fierté. Nous pouvons rendre de grands services à des touristes comme vous. Si toi et tes amis, ça vous amuse de rire de nous, allez vous trouver une vieille mule sourde.

– Je suis vraiment désolée, Pepe, dis-je, commençant à m'impatienter.

Mes excuses ne suffisaient visiblement pas, et je m'inquiétais pour Tulipe.

– Nous ne voulions pas te blesser, ni toi ni tes chameaux. Mes amis, Oz et Tulipe, ne sont pas ce genre de personnes. Ce que nous essayons de faire est vraiment très important, et…

Il leva la main pour m'interrompre.

– Pas besoin de discours. Montre-moi ton amie.

Pepe insista pour emmener ses chameaux au cas où Tulipe se révélerait incapable de marcher.

– Ne comptez pas sur moi pour monter sur une de

ces bêtes ! s'écria-t-elle lorsqu'elle aperçut Chaplin et Charlie. Je peux me débrouiller, merci !

Mais elle tenait à peine debout, et ce fut au tour de Pepe de rire lorsqu'elle renonça après quelques pas.

– Je t'en prie, Tulipe, la suppliai-je, laisse Pepe jeter un œil à ta morsure.

Levant les yeux au ciel comme si je faisais des histoires pour rien, elle baissa sa chaussette pour lui montrer sa cheville. Ce n'était pas beau à voir. Elle était rouge et enflée à l'endroit où la peau avait été percée.

– Tu as mal comment ? s'enquit Pepe.

Elle grimaça.

– Comme si des vers brûlants rampaient à l'intérieur de ma jambe.

Pepe s'assit sur ses talons.

– Ah, je pense que c'est un scorpion.

– Mince, alors ! s'exclama Oz, ravi. Je n'avais jamais vu de vraie piqûre de scorpion !

Tulipe posa sur moi un regard terrifié. Je lui pris la main.

– Non, non, nous rassura Pepe. Un scorpion, c'est bien – enfin, c'est mieux qu'un serpent. Tu ne vas pas mourir.

Tulipe tenta d'en rire.

– Tout est pour le mieux, alors !

Ce n'était pas mon avis. Dans un accès de panique,

je me rappelai le rêve de Kyky, dans lequel des scorpions couraient entre ses pieds. C'était un mauvais présage, avait dit Lysandra. Un signe de danger. De mort. D'empoisonnement.

J'en informai les autres le plus rapidement possible. Si, comme je le redoutais, la malédiction s'abattait à présent sur nous, Tulipe était sa prochaine victime. Et aucun d'entre nous n'était protégé.

– Alors, nous ne pouvons attendre plus longtemps, déclara-t-elle en me serrant la main.

– Où est-ce que vous voulez aller ? s'enquit Pepe.

Lorsque je le lui expliquai, il me regarda comme si j'étais folle.

– Au tombeau du pharaon, ce soir ?

– Pas au tombeau exactement, mais juste au-dessus, dans la falaise. Et le plus vite possible, si tu veux bien.

Il secoua la tête.

– Oh, non. Personne ne va là-bas la nuit.

Un frisson me parcourut. Il était indéniable qu'une atmosphère étrange, presque surnaturelle, se dégageait de la vallée – je ne pouvais pas dire le contraire – mais, au point où nous en étions, cela n'allait pas nous arrêter.

– Il y a des règles spéciales pour la vallée, ces derniers temps.

Je fronçai les sourcils.

– Des règles ?

– Oh oui, grâce à *votre* M. Carter, nous ne pouvons même pas marcher dans notre désert sans un sauf-conduit, un fonctionnaire égyptien et plein de ça, déclara-t-il en se frottant les doigts pour évoquer de l'argent.

J'aurais voulu protester que ce n'était pas *mon* M. Carter, mais je compris.

– Nous devons absolument aller là-bas, le suppliai-je. C'est pour mon grand-père. Nous n'avons fait ce voyage que pour ça !

Pepe inspira à travers ses narines tout en soupesant le pour et le contre.

– Penses-tu que ce soit dangereux pour Tulipe ?

– C'est dangereux pour tout le monde, rétorqua-t-il. Mais comme tu me l'as demandé poliment, et que c'est pour ta famille, je suis prêt à prendre le risque.

Ce fut un vrai soulagement de se remettre en route. D'un claquement de langue, Pepe fit asseoir ses chameaux pour nous permettre de monter en selle.

– Charlie est le plus raisonnable des deux, expliqua Pepe.

– Alors je le prends, décida Oz.

Et sans autre forme de procès, il grimpa sur le dos du chameau.

Je ne m'étais pas trompée en supposant que les

selles étaient inconfortables. En outre, elles râpaient les genoux. Et lorsque notre chameau se pencha en avant pour se relever, je fus terrifiée à l'idée de basculer tête la première. Heureusement, à deux – moi devant, Tulipe derrière –, nous étions tenues bien serrées.

La « chevauchée » se révéla moins pénible que je ne le craignais – c'était un peu comme être assise sur un siège rembourré avec des noyaux de pêche. Les kilomètres défilaient rapidement. À cette heure tardive, plus personne ne circulait sur la route principale. Une nuit noir d'encre nous enveloppait. Dans un tel lieu, difficile de ne pas se laisser envahir par la peur de la malédiction ou d'anciennes magies vengeresses. Lorsque je sentais l'angoisse me gagner, je pensais à grand-papa et je tapotais ma sacoche pour me rassurer. Et lorsque je ne m'inquiétais pas pour lui, je demandais à Tulipe comment elle se sentait.

– Ma jambe devient insensible, dit-elle. C'est bizarre, mais au moins c'est plus agréable que la douleur.

Le chemin qu'emprunta Pepe pour rejoindre la vallée était plus rapide que le nôtre, mais plus raide. Ce n'était pas l'itinéraire le plus facile, reconnut-il, en revanche c'était le plus discret.

– Il y a des patrouilles, nous indiqua-t-il. On nous arrêtera si nous n'avons pas les bons papiers. Je préfère vous prévenir.

Dès que nous quittâmes la route, l'obscurité changea. Elle devint plus épaisse encore et plus froide. Suivant les ordres de Pepe, nous nous fîmes absolument silencieux.

– Vous n'avez rien à faire, sinon vous accrocher. Faites confiance à votre chameau, il sait où il va.

Au début, j'eus quelques doutes, car Chaplin butait sur tous les cailloux du chemin. Je trouvais cruel de ne pas allumer ma torche pour l'aider, mais Pepe se mit à rire silencieusement.

– Tu crois que les chameaux utilisent des torches ? Ils ont la lumière des étoiles.

Je levai alors la tête et pris le temps de laisser mes yeux s'habituer à la nuit.

– Oh, Tulipe, chuchotai-je, tu as vu le ciel ?

Elle me serra la taille un peu plus fort.

– Chère Lil, je le regarde depuis tout à l'heure.

À Londres, on ne distingue que quelques rares étoiles, pâles et perdues au milieu du ciel. Mais ici, il y en avait partout, jusque dans les coins les plus reculés. Il y en avait presque trop, si tant est que ce soit possible.

Je crus en apercevoir une sur notre gauche. Sauf que les étoiles, en général, n'ont pas l'habitude de se déplacer en zigzag.

Oz, qui l'avait repérée aussi, se retourna sur sa selle.

– Pepe, qu'est-ce que c'est, là-bas ?

La lumière était située en contrebas, et pour autant que je pusse en juger, à une courte distance. Elle se détachait nettement, et vacillait en se déplaçant. Nous nous arrêtâmes pour l'observer.

– Cela vient du tombeau, expliqua-t-il. C'est une torche.

Les chameaux reprirent leur marche laborieuse. Le chemin devint plat, nous avions atteint le fond de la vallée. À notre gauche, la lumière de la torche continuait à se déplacer. Il n'y avait plus de doute possible, quelqu'un était là.

– Il faut un sauf-conduit pour aller dans la vallée, me rappela Pepe. Et être accompagné d'un fonctionnaire égyptien. C'est la loi, même pour M. Carter.

Une loi que nous étions nous-mêmes en train d'enfreindre, pensai-je anxieusement. Nous n'avions pas de sauf-conduit, et Pepe n'était pas assez âgé pour passer pour un fonctionnaire.

– Qui penses-tu que ce soit ?

– Ce ne peut être que des gardes. Enfin, je suppose.

18

Une demi-seconde plus tard, nous étions tous à plat ventre par terre, même les chameaux. Une grande tente de toile blanche se dressait devant nous. Mon cœur battait comme un fou, et j'avais avalé une bonne dose de poussière, mais lorsque j'avais soudain entendu des voix, j'avais pris conscience que nous étions à deux pas du campement de Carter. En réalité, nous étions même en plein cœur du campement. C'était notre but, mais je n'étais plus si sûre que c'était une bonne idée.

– Pah ! Comme je le soupçonnais, des gardes ! marmonna Pepe d'un air dégoûté.

– C'est bien notre veine, grommela Tulipe.

Me redressant sur les coudes, je glissai un regard vers la tente. La torche s'était éteinte, et les voix s'étaient tues. Je n'osais plus bouger d'un millimètre, au cas où les gens seraient toujours là.

Oz gigota à côté de moi.

– Les piles des torches ne sont pas très fiables. Même si cela dépend du type de...

– Par pitié, tais-toi ! siffla Tulipe, exaspérée.

– Calme-toi, Tulipe, chuchotai-je.

Oz renifla.

– Tu ne m'écoutes jamais, que ce soit pour les torches ou pour l'homme de la gare...

De quoi parlait-il encore ? Le seul homme auquel je pouvais penser était celui au sourire aimable, qui m'avait conseillé de garder un œil sur M. Carter. Quel sens cela avait-il pour Oz, cela me dépassait, mais il semblait profondément contrarié. Lorsque je tentai de lui toucher le bras, il me tourna le dos.

– C'est cette vallée, déclara Pepe en frissonnant. Elle porte malchance. Elle provoque des disputes.

Comme entre grand-papa et le professeur Hanawati, qui ne s'étaient jamais réconciliés...

Nous nous murâmes dans un silence tendu. Sans le faisceau des torches qui balayaient la nuit, les silhouettes se détachaient plus nettement dans l'obscurité. Devant la tente se trouvaient un tas de cailloux, une brouette et des câbles électriques qui ressemblaient à ceux que j'avais repérés un peu plus tôt dans le sable. Quelques mètres plus loin, j'aperçus des sabots et des queues qui fouettaient l'air. Quatre ânes attachés humaient une botte d'herbes sèches déposée à leur intention.

Au-delà, les flancs de la vallée s'élevaient presque à la verticale. Mon ventre se noua. Nous allions devoir grimper cette paroi sans nous faire voir. Déplaçant ma sacoche sur le côté, je me mis en position accroupie.

– Je vais jeter un œil…

– Sois prudente, me dit Pepe.

Osant à peine respirer, je contournai la tente. Les câbles semblaient tous mener au même endroit, où l'obscurité s'épaississait. Je clignai des yeux pour m'y accoutumer.

C'était là.

Creusée dans la roche comme une grotte, l'entrée du tombeau de Toutânkhamon. Après tous les gros titres, les articles et les rumeurs qui circulaient dans le monde entier, j'étais déçue de la découvrir aussi quelconque. Exactement ce que Lysandra avait décrit, en fin de compte, un tombeau qui ne sortait pas de l'ordinaire et qui n'avait rien de particulièrement royal.

L'entrée était empêchée par des portes en bois fermées d'un cadenas qui la faisaient ressembler à une réserve de charbon ou à une remise de jardin. Lysandra avait raconté ces funérailles précipitées et bâclées, que Maya avait quittées sur un mouvement de dégoût. Je comprenais pourquoi. Et même si ces portes avaient sans doute été ajoutées par M. Carter, voir une tombe fermée à clé était triste et dérangeant.

J'avançai de quelques pas, et quelques pas encore. Les autres étaient restés à l'arrière, protégés par la tente, trop loin pour que je me risque à les appeler. Aussi me croyais-je tout à fait seule. Quel choc alors d'entendre soudain des voix !

– Nous ne faisons que regarder, n'oubliez pas, déclara une femme.

Je me figeai sur place.

– Vous avez la clé, Pecky ? s'enquit M. Carter, dont je reconnus immédiatement la voix.

Visiblement, il n'était pas du tout au cocktail.

– Ici.

Un tintement métallique. Un bruit de pas foulant le sol et quatre silhouettes surgirent de l'obscurité, prêtes à s'engager dans l'escalier qui descendait au tombeau.

– Surtout, pas un mot à quiconque, reprit M. Carter. Si l'on apprend que nous sommes venus, nous perdrons toutes nos autorisations.

Ainsi, ce n'étaient ni des fonctionnaires ni des gardes, c'étaient Howard Carter, Lady Evelyn, un homme plus petit et plus âgé dans lequel je reconnus Lord Carnarvon, et un dénommé Pecky, qui était une véritable armoire à glace.

Je me jetai au sol. Il n'y avait de toute façon nulle part où me cacher : j'étais parfaitement exposée. Et si je pouvais voir le groupe de M. Carter, cela signifiait qu'il leur suffisait d'un coup d'œil par-dessus l'épaule pour me voir aussi.

Oz avait raison : leur torche les avait lâchés. L'homme nommé Pecky alluma une lampe au kérosène. Quatre visages se rassemblèrent autour de la flamme, qui projeta sur eux sa lueur jaune vacillante. Une fois les portes du tombeau ouvertes, ils pénétrèrent à l'intérieur ou plutôt, devrais-je dire, escaladèrent, car le couloir dans lequel ils s'engouffrèrent était encombré d'une épaisse couche de gravats. Je ne voyais plus que la lumière de la lampe sur les murs nus. Je jetai un regard derrière moi. C'était le moment ou jamais de retourner auprès des autres. Mais grand-papa aurait voulu savoir ce que tramait Howard Carter, et moi aussi. Je m'avançai silencieusement vers le tombeau.

De l'intérieur me parvint le bruit étouffé de coups répétés, puis le fracas d'un mur qui s'écroulait. Je me rapprochai encore. Que pouvaient-ils bien faire ?

Les coups cessèrent.

– C'est par là qu'ils sont entrés il y a plusieurs siècles. Regardez, on voit l'endroit où ils ont rebouché le trou, déclara une voix forte et enjouée que je devinai être celle de Pecky.

– Elle aura été visitée pendant l'Antiquité, comme les autres tombes du coin, dit Lord Carnarvon d'une voix contrariée. Et si demain, quand nous ouvrirons en présence de nos invités, nous ne trouvons qu'un ramassis de vieilles poteries ? Nous serons la risée du monde entier !

– C'est pour cela que nous sommes là, papa, déclara Lady Evelyn. Nous allons jeter un œil, c'est tout. Nous devons vérifier qu'elle n'a pas été pillée.

D'autres coups suivirent. J'entendis qu'on déplaçait un objet lourd.

– Si nous retirons ces pierres…

– Là, c'est assez large pour que nous puissions passer…

– Vas-y en premier, Eve, c'est toi la plus petite.

Je ne pouvais pas croire qu'ils étaient en train de s'introduire à l'intérieur du tombeau sans autorisation. Cela faisait presque d'eux des pilleurs de tombes ! Du moins aux yeux de la loi égyptienne, si Pepe avait dit vrai.

Cependant, une partie de moi se refusait à les juger. Qui aurait résisté à la tentation – après ces fouilles interminables, ces sommes folles dépensées, tous ces espoirs et tous ces rêves – de jeter discrètement un regard sur leur découverte ? Le lendemain, en plein jour, tout serait officiel. Mais cette nuit-là, alors qu'ils se croyaient sans témoins, ils pouvaient s'imaginer que la tombe n'appartenait qu'à eux seuls.

N'avais-je pas éprouvé cet enivrant sentiment,

le soir où, dans ma petite chambre, j'avais déballé le vase pour la première fois ? Et grand-papa et le professeur Hanawati, lorsqu'ils l'avaient découvert sur un étal du marché ? Ils connaissaient l'immense valeur du vase, et cependant ils l'avaient gardé pour eux.

Alors quelle émotion cela ne devait-il pas procurer d'être les premiers à pénétrer dans une chambre mortuaire depuis plusieurs milliers d'années ! Les derniers pieds à avoir foulé ce sol étaient sans doute ceux de Lysandra, d'Aÿ, et des proches du défunt. Cette pensée donnait le vertige.

À l'intérieur, M. Carter exigea une autre lampe.

– Qu'est-ce que vous voyez ? s'enquit Lord Carnarvon.

Je m'avançai jusqu'en haut des marches, retenant mon souffle tandis que je guettais sa réponse.

M. Carter éclata de rire. Un rire puissant, tonitruant, incrédule.

– Carter, répondez-moi, vous voyez quelque chose ? insista Lord Carnarvon.

– Oui, répondit-il d'une voix très émue. Des merveilles.

Je serrai les poings, luttant contre l'envie de dévaler les marches pour aller voir par moi-même, au mépris des conséquences. Mais je savais déjà de quoi était remplie cette chambre : Lysandra l'avait décrite, et je me la figurais parfaitement. Toute une collection de roues de char, de statues, d'épées, de bijoux et de paniers que M. Carter et sa clique devaient fixer avec des yeux béats, sans se douter que la pièce avait probablement servi de débarras aux vieilleries dont le palais voulait se débarrasser. Mais cela n'avait peut-être pas d'importance; le bric-à-brac de Lysandra était devenu un trésor. L'Histoire joue parfois ce genre de tours.

Comme pour le confirmer, quelqu'un poussa un cri ravi à l'intérieur du tombeau. J'éprouvai alors une pointe d'envie. M. Carter avait réalisé son rêve : il avait enfin découvert ce qu'il avait cherché pendant des années.

Il ne s'était pas laissé arrêter par la malédiction. Il n'avait pas craint que « la mort frôle de ses ailes puissantes » ceux qui toucheraient au tombeau du pharaon.

Mais il me paraissait de cette trempe d'homme que rien n'effraie. Et son grand-père n'était pas à l'article de la mort, sa meilleure amie n'avait pas été piquée par un scorpion, et il n'avait pas non plus lu le récit de Lysandra.

Je me ressaisis. Nous n'étions pas venus profaner le tombeau d'un jeune garçon, mais lui rendre ce qui lui appartenait.

Je fis aux autres de grands gestes frénétiques. Avec

Carter à l'intérieur, occupé à jubiler sur sa découverte, ils pouvaient quitter leur cachette en toute sécurité. Oz sortit le premier, se déplaçant courbé en deux comme une araignée. Puis vint Pepe, qui tirait les chameaux derrière lui, avec Tulipe sur le dos de Chaplin.

– Carter est à l'intérieur, leur expliquai-je. Ils ont forcé le passage.

Tulipe et Pepe furent choqués.

– Comment a-t-il pu faire une chose pareille ? s'étonna Tulipe. Où sont les gardes ?

– Avec des sous, dit Pepe en se frottant à nouveau les doigts. Il a dû les soudoyer pour qu'ils se taisent.

– En tout cas, il est à l'intérieur, et c'est notre seule chance de pouvoir grimper jusqu'en haut de la falaise, dis-je d'une voix pressante.

Pepe releva la tête vers le sommet.

– Grimper ?

J'acquiesçai.

– Peut-on laisser les chameaux en bas ?

– Non. Ces deux idées sont… toc-toc, dit-il en se tapant le côté de la tête.

Je lui jetai un regard noir. Puis mes yeux se posèrent sur la jambe de Tulipe. Comment avais-je pu imaginer qu'elle pourrait marcher, et plus encore grimper ? Ce n'était plus seulement son pied qui était enflé, mais jusqu'à la moitié de son mollet.

Je me tournai vers Pepe, désespérée.

– Nous devons absolument trouver un moyen de monter là-haut. Connais-tu un chemin ?

Il réfléchit pendant un temps qui me parut interminable.

– Vous avez de la chance, je connais bien les lieux. Suivez-moi.

Il marchait d'un pas régulier, sa *jalabiya* claire visible dans la nuit. Elle nous rendait facilement repérables, et je fus soulagée lorsque nous dépassâmes un amas de rochers qui nous rendait invisibles depuis l'entrée du tombeau. Je m'inquiétai cependant, car nous nous éloignions toujours davantage de la paroi que nous devions escalader…

– Hem, Pepe ? dis-je en haussant la voix. Où allons-nous ?

Il tendit le bras vers la gauche. De ce côté de la vallée, la pente paraissait légèrement moins raide que sur l'autre versant.

– On peut grimper tout droit, ou contourner par la route des chameaux.

Je ne pouvais que lui faire confiance.

Et pourtant, même la route des chameaux se révéla difficile. Bientôt le chemin devint si abrupt qu'il fallut mettre pied à terre et tenir notre monture par la bride – hormis Tulipe, qui s'agrippait comme elle pouvait à l'encolure de Chaplin.

Je fus rapidement essoufflée. Le chemin était jonché de cailloux dégringolés du haut de la falaise. De temps à autre, il nous en tombait un sur la tête.

– Ouille ! s'écria Oz. Ça fait mal !

À croire que quelqu'un nous visait avec sa sarbacane.

Nous montions depuis une heure environ quand Tulipe vomit. Elle le fit en se penchant calmement sur le côté, puis elle prétendit qu'elle se sentait bien. Mais sa voix disait exactement le contraire. Je craignis que son état n'empire. Nous aurions dû la ramener sur le bateau. Il était trop tard, maintenant.

Plus nous grimpions, plus le chemin se rétrécissait. Sous ma sacoche, le tissu de mon corsage, trempé de sueur, me collait à la peau. Nous dûmes faire des pauses plus fréquentes. Oz réclamait sans cesse à boire. Tulipe lui intima de se taire.

– Sommes-nous encore loin du sommet ? demandai-je anxieusement.

– Non, m'assura Pepe. On le voit presque d'ici.

On ne voyait rien, mais c'était gentil de sa part.

Peu de temps après, le chemin forma un virage en épingle à cheveux et nous repartîmes enfin dans la bonne direction. Je me sentis ragaillardie. Au moins, me disais-je, nous nous rapprochions des fouilles de M. Carter. Mais l'ascension était rude. Le chemin serpentait à travers un pierrier, ce qui rendait la marche particulièrement pénible : le sol ne cessait de se dérober sous nos pieds, comme de la neige mouillée. Les chameaux s'en sortaient mieux que nous grâce à leurs larges sabots évasés. En revanche, ils n'apprécièrent guère lorsque des cailloux recommencèrent à nous tomber dessus.

– Aaaah ! cria Tulipe, touchée à la joue.

Son chameau partit en trombe, comme s'il avait reçu un coup de fouet. Pepe parvint heureusement à le maîtriser rapidement. Oz et moi tenions l'autre, Charlie, le plus raisonnable, qui se contentait de grogner et de rabattre ses oreilles.

Les cailloux continuaient à pleuvoir – de petits cailloux tranchants qui faisaient un mal de chien. Je redoutais surtout que la falaise ne s'écroule sous nos pieds. J'avais l'impression que ces chutes n'étaient pas dues à une cause naturelle. Visiblement, Pepe partageait mon inquiétude, car il s'arrêta et leva la tête en plissant les yeux

– Oh, misère ! Je crois que nous avons été repérés par un garde.

– Hein ? Où ça ?

Suivant son regard, je distinguai alors une épaule, puis un bras, et j'entendis le crissement de pas. Quelqu'un marchait sur le sentier au-dessus de nous.

– Il y a un petit détail que j'ai oublié de vous dire, avoua Pepe. Les gardes ont des pistolets.

19

– Des pistolets ? répétai-je, abasourdie. Comment ça, avec de vraies balles ?

– Oui, confirma Pepe à voix basse.

Je glissai un regard vers Tulipe, puis vers Oz. Je les avais déjà suffisamment mis à l'épreuve, nous n'avions pas besoin d'un danger supplémentaire.

– Que fait-on, maintenant ? chuchota Tulipe.

Pepe leva le doigt.

– Chut !

Je tendis l'oreille. Au-dessus de nos têtes, les pas s'affaiblirent, puis s'arrêtèrent, avant de repartir et de s'éloigner définitivement. On n'entendait plus que le silence du désert. Cela n'avait rien à voir avec les rives du Nil, qui grouillaient de vie. Ici, au milieu des rochers et du sable, le silence était si total qu'il créait un bourdonnement dans les oreilles. Je n'avais jamais rien entendu de tel.

Soixante mètres plus bas, dans la vallée, la lumière réapparut. Je fus soulagée de découvrir que nous étions revenus tout près du tombeau de Toutânkhamon. Le chemin de Pepe nous avait presque ramenés à notre point de départ, mais nous nous trouvions à présent au-dessus du site.

– Ils sortent du tombeau ! chuchota Oz. Est-ce qu'ils emportent du butin ?

– Je ne vois rien.

– Ça ne leur appartient pas, nous rappela Pepe.

– « La mort frôlera de ses ailes puissantes », murmura Tulipe.

Pourtant, aucun d'entre eux ne paraissait effrayé, ni particulièrement inquiet. Même à cette distance, leur excitation était tangible. M. Carter avait passé le bras autour des épaules de Pecky et de Lady Evelyn, qui avait retiré son chapeau et se tenait la tête, comme sidérée.

Lorsque le groupe remonta à dos d'âne et repartit à travers le désert, je pris une longue inspiration. Notre tour était venu.

– Et le garde ? s'enquit Oz, soucieux. Il rôde pas loin. Et il n'est peut-être pas seul.

Je jetai un regard à Tulipe qui frissonnait, recroquevillée sur son chameau.

– C'est un risque à prendre.

Quelques minutes plus tard, nous parvînmes en haut de la falaise. Là, il n'y avait plus une seule trace de présence humaine, ce n'était que roche nue et sable. Il nous fallait à présent trouver l'est. D'après mes estimations, il était deux ou trois heures du matin au bas mot. Mme Mendoza avait dû rentrer de son cocktail. Si elle était comme maman, elle devait s'arracher les cheveux d'inquiétude, mais mieux valait ne pas trop y penser.

– Pour trouver l'est, me dit Oz, il faut regarder les étoiles.

Mais elles étaient bien trop nombreuses, et il se gratta la tête, perdu.

– Celle-là, c'est Vénus. Non, attendez, ce serait plutôt celle-là. Ou alors, ce peut être Jupiter…

– Demande à Pepe, lui suggérai-je.

Entre-temps, Tulipe, qui avait mis pied à terre, scrutait le sol avec attention. Elle ramassa quelque chose de blanc, qu'elle tint à bout de bras, méfiante.

– Regardez !

C'était un carnet comme ceux qu'utilisait Mme Mendoza, couvert de ces drôles de points et de lignes dont se servent les journalistes pour prendre des notes. Il n'était ni froissé ni sale. Il avait été perdu très récemment.

– L'homme que nous avons aperçu, ce doit être à lui ! s'exclama Tulipe, tout excitée. Je me demande s'il ne surveillait pas Edward Carter, lui aussi !

– Alors ce serait un journaliste, et pas un garde ? m'exclamai-je, ravie d'apprendre que nous n'allions finalement pas nous faire tirer dessus.

Avant même de pouvoir répondre, Tulipe vomit sur les chaussures d'Oz.

Après quoi, elle accepta enfin de s'allonger à l'abri d'un amas de rochers. Pepe lui fit un oreiller de son écharpe et Chaplin qui, je crois, s'était attaché à elle, se coucha tout près. Charlie, lui, resta debout à fouetter l'air de sa queue, comme s'il réfléchissait profondément.

Ensemble, nous réussîmes à localiser Vénus dans le ciel.

– Le soleil va se lever d'ici une heure ou deux, estima Pepe.

Oz, pieds nus et quelque peu vexé, admit que Pepe en savait plus que lui sur les étoiles.

Après avoir trouvé l'est, nous entreprîmes de chercher l'entrée du tombeau. J'avais encore en tête celle que nous avions vue dans la vallée, creusée à même la roche comme un bunker. Autrefois, en Angleterre, grand-papa m'avait montré des photos des entrées des tombes de la dynastie des Ramsès, et elles étaient plus vastes encore que celle du Winter Palace.

Mais nous cherchions un tombeau qui n'avait rien d'officiel, me rappelai-je, une sépulture si petite et si discrète qu'on pouvait la prendre pour un simple trou dans la roche ou pour la tombe d'un garçon ordinaire. Juste en dessous de là où nous étions, un replat courait le long de la falaise sur dix à vingt mètres. En plein jour, le panorama sur la vallée devait être somptueux. Autant commencer par là, même si, à première vue, il n'y avait rien de spécial, juste de la roche.

J'entendis que Pepe parlait derrière moi.

– Pardon ? dis-je.

Me retournant trop vivement, je posai le pied droit dans le vide. Je battis des bras pour retrouver mon équilibre. En vain. Il n'y avait rien à quoi j'aurais pu me raccrocher. La panique me saisit…

– Tiens-toi au rocher ! hurla Pepe d'une voix frénétique tout en me désignant le rocher qui se dressait entre nous.

Juste avant de basculer dans le vide, je me jetai sur ce rocher et l'agrippai, d'abord d'un bras, puis des deux. J'enlaçai la roche avec l'énergie du désespoir, puis me laissai tomber accroupie. Lorsque je fus enfin rassurée, je vérifiai à tâtons que ma sacoche était toujours là : Dieu merci, elle l'était.

À cet instant, un souffle d'air, venu de derrière le rocher, me caressa la joue. Il était doux et chaud comme une haleine. J'éprouvai une sensation étrange. Comme si mes idées s'éclaircissaient soudain ou que j'étirais mes jambes épuisées.

Non, ce n'était pas ça. Pas tout à fait.

C'était l'opposé exact de cette sensation oppressante, lourde, sinistre, qui m'habitait depuis que grand-papa était tombé malade. Lorsque Lysandra avait deviné que Maya avait emporté le cœur de Kyky pour qu'il repose en paix, elle avait dit avoir éprouvé l'impression d'un loquet qui s'ouvre. C'était la meilleure des descriptions.

– Pepe ? appelai-je en tentant de rester calme. Peux-tu venir un instant ?

Nous fûmes plus prudents, cette fois. Oz reçut l'ordre de rester à distance du bord. Le rocher n'était pas plus grand qu'une roue d'auto, mais Pepe et moi dûmes unir nos forces pour le déplacer. Nous découvrîmes alors un trou de la taille d'une porte de placard. Nous nous accroupîmes pour scruter l'obscurité. Lorsque je plongeai le bras à l'intérieur, je ne pus en toucher le fond. D'après ce que je pouvais en juger, il semblait continuer en s'agrandissant.

– Il y a la place pour une personne, dit Pepe.

– Je suis le plus petit, déclara Oz.

– Et le plus jeune, lui rappelai-je. S'il t'arrivait quoi que ce soit, ta sœur deviendrait folle.

– Je croyais que nous formions un trio, protesta-t-il, bouleversé.

Je le regardai, à deux pas du vide, avec ses yeux écarquillés et ses cheveux en bataille. Voilà que ce garçon qui refusait d'aller à l'école ou d'adresser la parole à des inconnus se retrouvait en haut d'une falaise, en Égypte, en pleine nuit. Il aimait toujours aussi peu qu'on le touche, aussi me contentai-je d'une tape légère sur son bras.

– Nous formons un trio, lui dis-je. Aucun d'entre nous n'aurait rien pu accomplir seul.

Il renifla.

– Mais…

– Chut, l'interrompis-je. Cette dernière étape, c'est pour mon grand-père, pas vrai ? Reste avec ta sœur. Je serai vite revenue.

Il enfonça les mains dans ses poches et repartit le long de la falaise.

Pepe, lui, ne bougea pas.

– Je ne vous ai pas encore demandé ce que vous veniez faire ici, déclara-t-il en croisant les bras. Mais maintenant, je voudrais savoir.

J'ouvris alors ma sacoche et en sortis le vase. Bien qu'il fît encore nuit, je sentis son pouvoir, le scintillement de l'or, la tête d'Anubis, son poids dans mes mains.

Vingt-deux ans plus tôt, un gamin égyptien avait découvert par hasard la tombe de Kyky et avait commis l'erreur d'emporter le vase. Il n'avait pas tardé à le regretter. Soudain, je me rappelai la réaction de mon père le jour où j'avais pris la défense de Tulipe.

Être anglaise ne me donnait pas le droit de régler les problèmes des autres, surtout quand ils pouvaient les résoudre par eux-mêmes.

– Tiens, dis-je en lui tendant le vase. Nous voulons le remettre à sa place.

C'est peu dire qu'il fut stupéfait. Et plus encore lorsque je lui révélai son contenu et que je lui racontai ce que Lysandra nous avait appris sur le jeune pharaon dont M. Carter avait exploré si fébrilement la tombe, juste en dessous dans la vallée.

Pepe garda longuement le vase contre sa poitrine.

– Son cœur ? murmura-t-il, comme s'il ne parvenait pas à le croire.

Lorsqu'il se ressaisit, son visage affichait une détermination nouvelle. Il fit disparaître le vase dans sa tunique.

– Allons-y, dit-il, avant de s'engouffrer dans le trou.

Je le suivis. Se faufiler à l'intérieur fut facile. Je rampai sur le ventre en m'aidant de mes coudes, jusqu'à ce que le passage soit assez large pour que je puisse tenir à quatre pattes. Pepe devait être plus rapide que moi, parce que je le perdis tout de suite de vue. Le silence qui régnait était encore plus épais qu'à l'extérieur. Seul me parvenait le bruit du sang qui battait contre mes tempes. Je tremblais légèrement, à la fois d'épuisement et d'émotion. J'étais si près du but !

Puis j'eus ma première surprise. Je pensais que le

passage continuait à l'horizontale à travers la falaise. Que nenni.

– Aaah !

Je me cassai la figure.

Heureusement, ma chute fut brève. J'atterris sur ce qui ressemblait vaguement à une marche. Tâtonnant du bout du pied, je sentis d'autres marches creusées dans la roche. Puis j'aperçus une lumière un peu plus bas.

– Pepe ? appelai-je.

– C'est moi, répondit-il. Ces marches sont dangereuses. Tiens, prends la torche.

Oz nous l'aurait prédit : elle commençait à faiblir. Elle émettait juste assez de lumière pour que je puisse distinguer des marches qui descendaient en colimaçon, mais de façon totalement anarchique et irrégulière. Pepe était juste devant moi. Il progressait lentement, prudemment, et ne pas lui rentrer dedans exigeait de moi un effort considérable. Certaines des marches étaient étroites, d'autres larges ; certaines hautes, d'autres basses. Il fallait parfois sauter, tant elles étaient éloignées l'une de l'autre. Lorsque j'arrivai enfin en bas, j'avais les jambes en coton.

La torche s'éteignit.

L'obscurité fut alors totale – pas vraiment effrayante, mais étrange. L'air semblait épais et étouffant. Les parois étaient trop resserrées autour de nous.

– C’est ici que nous devons enterrer le vase ? chuchota Pepe d’un ton hésitant.

Comme toujours, le doute s’insinua en moi au pire moment. Et si nous nous étions trompés, si ce n’était pas là ? S’il était trop tard ? Si grand-papa avait déjà été terrassé par la maladie ? Si Tulipe mourait ? Si les mauvais présages se réalisaient ?

« Allons, ressaisis-toi », chuchota la voix de Tulipe dans ma tête. « Rappelle-toi le courage de grand-papa, il ne lâchera pas comme ça », me chuchota celle de maman. « Tous ces efforts que vous avez faits ne peuvent pas rester sans effet », renchérit celle de papa. Mon esprit, pour une fois, accepta de les écouter.

– Oui, dis-je, c’est ici.

Au froissement de tissu, je compris que Pepe fouillait dans sa poche. Je sentis qu’il tenait à présent le vase entre ses mains. Lorsque celui-ci se mit à émettre un halo doré, je crus que mon imagination me jouait des tours. Mais la lueur devenait de plus en plus vive. C’était une lumière qui ne ressemblait pas à celle d’une torche, elle était douce et chaude sur le visage de Pepe. Celui-ci prononça quelques mots dans une langue que je ne connaissais pas.

Grâce à cette lumière, nous pûmes voir que nous étions dans une petite salle. Le sol était sableux, les parois voûtées et décorées de petites formes et de fleurs. Bouchée bée, je tournai lentement sur moi-même. Baignée de cette lumière si douce, la tombe était magnifique.

Devant nous, une porte en arche menait à une deuxième salle. Elle était surmontée du dessin d'un personnage en tunique blanche assis sur un trône. Je le reconnus à son chapeau en forme de tulipe et à son visage bleu : c'était Osiris, le dieu de l'autre-monde. Grand-papa m'avait raconté qu'il avait été tué par un membre de sa famille qui voulait lui ravir son trône. Personne n'était mieux à sa place dans la tombe de Kyky…

D'autres dessins l'accompagnaient – des chacals, des hiboux, des cobras. Pour être honnête, j'avais vu de plus belles œuvres au British Museum, à Londres, mais jamais je n'avais éprouvé une telle émotion en les regardant. Les voir en Égypte, à leur vraie place, prenait un sens plus profond. Ici, ni or ni lapis, à l'exception du vase que Pepe tenait entre ses mains. Je me demandai ce que M. Carter aurait pensé de cette petite salle et s'il l'aurait jugée digne de ses fouilles. Mais peut-être était-ce justement l'idée.

Cette tombe était privée. Elle avait été créée pour accueillir le cœur d'un ami très cher. Et ce que j'espérais au plus profond de moi, c'est qu'une fois que Pepe et moi aurions remonté les marches, plus personne n'y mettrait jamais les pieds.

Restait cependant un détail que je ne m'expliquais

pas : d'après Lysandra, Maya avait choisi ce lieu en particulier parce qu'il devait recevoir les rayons du soleil. Mais comment la lumière du soleil aurait-elle pu pénétrer jusqu'ici ?

Mon regard tomba alors sur la porte en arche sous le dessin d'Osiris. En m'approchant, je découvris qu'elle n'ouvrait pas sur une deuxième salle, mais sur une longue cheminée taillée dans la pierre, formant deux cavités superposées. Dans chacune d'elles, une silhouette recouverte de tissu.

Je m'en approchai, la gorge nouée. La lumière qu'émettait le vase était toujours plus vive. Lorsque Pepe la dirigea vers le haut, je discernai la forme d'une tête. Le reste du corps – les épaules, la taille, les pieds – se laissait deviner sous les bandelettes. Une seconde momie se trouvait dans la cavité inférieure. C'étaient Lysandra et Maya, j'en étais certaine.

– Il y a des gens enterrés ici ? chuchota Pepe.

– Oui, c'étaient trois amis.

Je me mis à pleurer.

J'avais cru que la tombe n'abriterait que le cœur de Kyky, mais c'était stupide de ma part : pour lui qui n'avait pas eu de famille aimante, ses amis étaient tout. J'étais pourtant bien placée pour savoir – bien que ma famille fût aimante – à quel point les amis étaient importants. Mais les larmes ne sont pas toujours tristes, et parfois s'y mêlent bien d'autres émotions.

Pepe posa très doucement le vase dans la cavité supérieure, qui accueillait la plus grande des deux momies – aussi supposai-je que c'était Maya. Le vase semblait avoir trouvé sa place. La lueur faiblit légèrement. Elle vacilla, puis étincela et s'éteignit.

Nous attendîmes. Je ne sais ce que j'espérais, mais je n'avais pas le sentiment que ce fût fini. L'obscurité m'oppressa à nouveau, mais pas longtemps.

Je clignai des yeux, éblouie, tandis qu'un flot de lumière envahissait la salle. Cette fois, elle venait du ciel. Les calculs de Maya se révélaient exacts. Les premiers rayons du soleil pénétraient dans la grotte. Ils tombaient sur la paroi la plus reculée, là où reposaient les corps. Pendant un instant, ou peut-être pour l'éternité, les trois amis baignaient ensemble dans la lumière du soleil.

20

L'aube se levait lorsque nous refîmes surface. Une fois le rocher remis en place, nous restâmes un moment assis, adossés contre la paroi, épuisés.

– Tout s'est bien passé, dit Pepe.

Je glissai un regard vers lui.

– Oui.

Il hocha la tête; nous n'ajoutâmes pas un mot, car je pleurais, et lui aussi.

Le soleil se déployait sur la vallée. Sur le haut des falaises, la roche paraissait presque rose. Tout le reste était plongé dans la pénombre – la route qui serpentait au fond de la vallée, les rochers qui la jalonnaient. Je n'avais jamais vu de paysage si magnifique, ni si vide.

Je m'essuyai les yeux. La malédiction allait enfin s'arrêter. Nous allions pouvoir recommencer à espérer.

J'avais envie de rester là, de ne plus bouger. Une fatigue immense m'habitait. Mais c'était une fatigue heureuse, comme lorsque Néfertiti, les soirs d'hiver, se roule en boule devant la cheminée. Au bout d'un moment, Pepe me laissa seule pour vérifier que les deux autres allaient bien. Il fut vite de retour, l'air soucieux. Me rappelant la blessure de Tulipe, je me dépêchai de me lever.

– Comment va-t-elle ? lui lançai-je.

Il me fit signe de le rejoindre.

– Viens. Tu verras toi-même.

Je parcourus en toute hâte le replat qui longeait la falaise, jusqu'à l'endroit où nous avions laissé Tulipe allongée sur l'écharpe de Pepe. Mon cœur cognait à grands coups. Je ne sais à quoi je m'attendais, mais certes pas à trouver trois silhouettes au lieu de deux.

Tulipe paraissait mieux, Dieu merci. Oz, près d'elle, semblait boire du regard le nouveau venu, un jeune homme blond. Tous trois étaient assis par terre en tailleur, tandis que les chameaux somnolaient derrière eux.

Tulipe me fit un signe de la main. Lorsque je fus assez proche, elle m'interrogea du regard : « Tu as réussi ? Le vase a retrouvé sa place ? »

Je hochai la tête.

Un sourire lui monta alors jusqu'aux oreilles.

– Tu ne devineras jamais qui est venu chercher son carnet de notes !

Ce n'était pourtant pas difficile : le journaliste qui se trouvait devant moi.

Je m'arrêtai net. J'avais l'impression curieuse de l'avoir déjà vu… Il n'avait plus sa barbe mais, à son sourire charmant, je reconnus l'homme du train.

– Mince, alors ! m'exclamai-je en souriant à mon tour. Bonjour ! C'est drôle de vous trouver là !

– Bonjour, répondit-il en passant la main dans ses cheveux d'un air assez penaud. Vous avez sans doute compris qui j'étais, n'est-ce pas ?

– Hum… eh bien… vous êtes un journaliste, c'est ça ?

En m'asseyant près de Tulipe, je remarquai qu'elle tremblait – mais pas de fièvre, d'excitation. Et Oz, qui ne regardait jamais personne dans les yeux, fixait le jeune homme comme un cadeau de Noël qu'il avait peur qu'on lui arrache d'une seconde à l'autre.

– Je te présente ma meilleure amie, Lil, dit Tulipe, avant de désigner le journaliste : Et je te présente Alex !

Je le regardai. Puis Oz. Puis Pepe, qui nous observait, un bras autour de chacun de ses chameaux, le visage encore baigné de larmes.

– Alex ? dis-je en fronçant les sourcils. Comme ton frère Alex ?

– Je ne crois pas qu'il y en ait deux ! s'exclama Tulipe en riant.

Je tombai des nues. Il ne ressemblait en rien au jeune garçon à la mèche rebelle que j'avais vu sur les murs de la bibliothèque des Mendoza.

– Vous êtes monté dans le train en Yougoslavie ! m'écriai-je. Vous êtes l'homme qui cherchait la seconde classe ! Mais votre barbe…

– Rasée, compléta-t-il tout en se tapotant le visage. Cela ne m'allait pas tellement, n'est-ce pas ?

Je ne pouvais qu'approuver : il était en effet plus beau sans sa barbe.

Je me tournai ensuite vers Oz.

– Saperlotte ! C'est l'homme que tu as vu en gare d'Athènes !

Mais Oz, qui, en temps normal, aurait adoré voir ses mérites reconnus, n'écoutait même pas. Il avait retrouvé son frère, le petit veinard, et le reste du monde n'existait plus.

– Alors vous êtes journaliste ? demandai-je à nouveau, parce que j'avais un peu de mal à assimiler la nouvelle.

– Je le crains, oui, admit Alex. J'écris pour le *Washington Post*. J'ai été envoyé par…

– M. Pemberton, complétai-je.

Les différentes pièces commençaient à former un puzzle cohérent.

– Vous remplacez l'homme qui a eu un accident d'auto en Italie.

– Exact, confirma-t-il.

Je continuais malgré tout à ne pas comprendre. Où avait-il disparu depuis la guerre ? Toute la famille de Tulipe l'avait cru mort ! Mais il ne m'appartenait pas de poser ces questions, c'était l'une des leçons que j'avais retenues. Pour certaines explications difficiles, il vaut mieux laisser les gens choisir le moment qui leur convient.

– Vous imaginez bien que votre mère va vous manger tout cru !

Oz parut très inquiet. Tulipe rit avec tendresse.

– Je vais certainement me faire remonter les bretelles, et je reconnais que je le mérite, dit Alex.

– Je pense que nous y aurons tous droit, dis-je. Mais que vous soyez là, c'est proprement incroyable !

Incroyable, ça l'était, même si je n'en revenais pas qu'une si bonne nouvelle ait déjà pu arriver. Tout ce que je trouvai à faire, c'est de m'effondrer à nouveau en larmes.

Mme Mendoza nous attendait, fulminant.

– Je viens de signaler votre disparition à la police ! cria-t-elle lorsque nous arrivâmes au bateau. Tulipe, qu'est-il donc arrivé à ta jambe ?

– Elle va déjà mieux qu'hier soir, lui répondit-elle.

Mais lorsque Mme Mendoza aperçut Alex, la jambe tomba aux oubliettes. Pourtant, elle ne fit pas un pas vers lui, comme si elle n'arrivait pas à croire que ce fût véritablement son fils. À moins qu'elle n'ait été paralysée par la colère. Nous étions tous sur le pont, sans savoir que dire ni que faire. Le silence était une véritable torture. Alex pâlissait de seconde en seconde.

– Tiens, lui dit Tulipe en lui proposant une chaise.

Tandis qu'il s'y asseyait, elle s'installa à ses pieds dans une attitude protectrice.

Oz déplaça sa chaise pour se rapprocher de son frère – la force de leur lien sautait aux yeux. J'étais heureuse pour eux, vraiment. Mais c'était une histoire de famille qui ne regardait qu'eux. J'étais une étrangère, ils formaient un tout dont j'étais exclue.

À la lumière du jour, les cicatrices d'Alex étaient plus marquées. Ses cheveux lui tombèrent une fois ou deux sur les yeux et je me fis la réflexion que, en fin de compte, il n'était pas si différent du jeune homme des photographies. Il était, je dirais, plutôt beau garçon. Il avait l'air complètement perdu.

– Pourrait-on avoir du thé et des toasts, mama ? Je meurs de faim, tenta Tulipe.

Mme Mendoza devint blanche, puis très rouge.

– Vous ne pouvez pas arriver comme ça, et demander votre *petit déjeuner* !

À dire la vérité, elle était assez effrayante. Connaissant sa mère, Tulipe resserra instinctivement le bras autour des chevilles d'Alex.

– La guerre a pris fin, Alex. Ils nous ont dit que tu étais porté disparu, considéré comme mort.

La voix de Mme Mendoza était dangereusement calme.

Alex s'essuya les mains sur son pantalon. Même depuis ma place, je pouvais voir à quel point il tremblait.

– J'étais dans un hôpital en France, mama. Cette cicatrice, là…

Il toucha son visage.

– C'est un éclat d'obus. Des mois durant, je n'ai pu ni parler, ni manger, ni me rappeler quoi que ce soit. Je ne savais plus qui j'étais.

J'aurais tant voulu que Mme Mendoza se lève et le prenne dans ses bras ! Mais elle ferma les yeux quelques secondes.

– Pourquoi n'es-tu pas rentré à la maison une fois rétabli ? demanda-t-elle de la même voix contenue.

– Pour quoi faire ? répondit-il. Regarde-moi, mama. Je ne peux plus tenir une tasse de thé sans la renverser.

Mme Mendoza serra les dents.

– Nous te croyions mort. Tout le monde, même le ministère de la Guerre, te croyait mort.

Alex se mit à pleurer.

– Je ne pouvais pas rentrer dans cet état, mama. Tu aurais été tellement déçue.

– Déçue ?

Elle avait l'air choquée.

– Tu ne m'as jamais déçue, jamais !

Je repensai à toutes les coupes qui encombraient les étagères de la bibliothèque, à la place qui l'attendait à Oxford. Son brillant avenir avait été réduit en miettes.

– Précisément, insista Alex. Je ne suis plus ton merveilleux petit garçon. J'ai vu des choses atroces, j'ai vu mourir des gens dont j'avais partagé le repas une demi-heure plus tôt. La guerre m'a changé.

Je sentis une boule se former dans ma gorge alors que je pensais à mon père. La guerre l'avait sûrement changé, lui aussi, même s'il ne l'avait jamais dit clairement. Mais entendre Alex mettre des mots et exprimer des émotions sur ce drame m'aidait à mieux comprendre pourquoi papa souriait si peu.

Et cependant, Mme Mendoza ne bougeait toujours pas.

– Tu crois être le seul au monde à avoir souffert ? Toutes ces femmes qui ont perdu leur mari, tous ces enfants qui ont grandi sans père, ces mères qui ont perdu leurs fils.

Elle cracha presque ce dernier mot.

– Et ces hommes qui sont revenus – défigurés, blessés, traumatisés – tu crois qu'ils ont trouvé ça facile, hein ?

Alex secoua la tête.

– J'ai perdu deux bébés avant toi, continua-t-elle. Tu étais un miracle. Et il y a quatre ans, j'ai cru que je t'avais perdu toi aussi.

Je trouvais la discussion de plus en plus dure à écouter. Je ne pouvais m'empêcher de penser à mes parents, en particulier à ce dimanche après-midi dans le cimetière de l'église St Mary. Ma mère avait dû abandonner son bébé, je n'avais pas pu être la sœur de mon frère, et pendant toutes ces années, grand-papa avait été privé de son petit-fils. Dans ma famille, ce n'était pas les morts que l'on pleurait, mais un vivant qu'on n'avait pas eu la chance de connaître.

– Je suis désolé, dit Alex en levant les mains. Mais plus le temps passait, plus il m'était difficile de revenir.

Lorsque Mme Mendoza s'avança vers son fils, je crus qu'elle allait le frapper. Mais non. Elle l'enlaça, enfin, et avec une telle force qu'aucun doute ne fut plus permis sur son bonheur de l'avoir retrouvé.

Ensuite, nous prîmes du thé et des toasts.

– Où étais-tu pendant tout ce temps, Alex ? demanda Mme Mendoza, en ajoutant du sucre dans notre thé.

À présent que sa colère était retombée, elle paraissait tout étourdie.

– En Amérique, pour l'essentiel. J'ai renoncé à étudier l'histoire.

Il sourit d'un air narquois.

– Je ne voulais plus avoir affaire à des morts. Je voulais être journaliste, comme toi, mama. Je pensais que ça m'aiderait à donner du sens à ce monde.

Son visage s'adoucit légèrement.

– Et que fais-tu ici ? Tu nous cherchais ou n'est-ce qu'une coïncidence ?

– Un peu des deux, répondit-il, en prenant une profonde inspiration. Tu vois, je marche dans tes pas… Je travaille pour le *Washington Post*.

Je me raidis en voyant le bras de Mme Mendoza se figer alors qu'elle portait sa tasse à ses lèvres.

Alex poursuivit d'un ton anxieux :

– Lorsque mon collègue a eu un accident, on m'a envoyé pour couvrir cet incroyable événement. C'était mon premier coup de chance. J'ai sauté sur l'occasion, naturellement. Plus que tout, je voulais t'impressionner, tu comprends ?

– Toi ! s'exclama-t-elle, s'étranglant à moitié. C'est *toi* qu'a envoyé M. Pemberton !

– Oh, misère, marmonna Tulipe par-devers elle. Nous y voilà…

Je redoutais le pire. Tout allait être découvert

– nos petits arrangements avec la vérité, les usurpations d'identité, les faux télégrammes... Nous avions également réservé des billets pour le compte du *Washington Post.* Dans le lot, nous avions certainement commis des délits punissables par la loi.

Pourtant, le grand déballage n'eut pas lieu – du moins pas ce jour-là. Mme Mendoza était trop stupéfaite pour dire quoi que ce soit et Alex, une fois lancé, ne pouvait plus s'arrêter :

– J'ai entendu parler de tensions entre M. Carter et les gens d'ici, bien qu'aucun journal ne les ait évoquées pour l'instant.

– En Angleterre, ils en ont fait un héros, dis-je.

– Exactement, approuva Alex en hochant la tête avec vigueur. Je l'ai suivi, hier soir, lorsqu'il est parti dans le désert avec Lord Carnarvon. C'était clairement louche. Mais ils étaient à dos d'âne et moi à pied et, le temps que je les rattrape, je n'ai pas pu savoir ce qu'ils avaient fait.

– C'est une piste intéressante, reconnut Mme Mendoza. Mais il te faudrait plus de détails.

Je reposai ma tasse de thé.

– Nous, nous y étions, dis-je. J'ai vu tout ce qui se passait. Que voulez-vous savoir ?

21

La cérémonie d'ouverture du tombeau avait été fixée à deux heures de l'après-midi. Presque tout le monde se rendait à la Vallée des Rois en automobile, mais nous demandâmes à Pepe de nous y emmener avec Charlie et Chaplin. Les Mendoza aimaient soigner leur entrée, et arriver à dos de chameau faisait son petit effet. La piqûre de Tulipe évoluait de façon rassurante, même si la partie inférieure de sa jambe était encore insensible. Mais surtout, il nous paraissait impensable d'aller à la cérémonie sans Pepe.

– Nous sommes un pays indépendant, nous avait-il expliqué, nous ne sommes plus une colonie. Nous ne devrions pas laisser cet Anglais décider du sort du tombeau de Toutânkhamon.

J'avais pensé qu'il se serait bien entendu avec grand-papa.

Pepe avait accepté avec enthousiasme de participer

à notre plan – même si le terme de « plan » est quelque peu prétentieux. En vérité, en ce qui concernait M. Carter, nous étions tous dans des dispositions d'esprit différentes. Mme Mendoza et Alex voulaient des informations pour leur article. Pepe souhaitait que l'Égypte soit davantage impliquée dans les fouilles. Tulipe était, je crois, ravie d'assister à une cérémonie. Oz était simplement content d'être assis à côté de son grand frère. Quant à moi, je n'oubliais pas grand-papa et le professeur Hanawati. Ils avaient appris à leurs dépens qu'on ne prend pas ce qui ne vous appartient pas. Il était temps d'en informer M. Carter.

Marcher dans le désert sous le soleil brûlant de l'après-midi n'avait que peu à voir avec notre expérience de la nuit. Tulipe, maintenant à son aise sur Chaplin, avait pris les rênes, et je m'étais assise derrière elle.

– Il est très intelligent, me disait-elle. Il comprend son nom, et tout…

Tandis qu'elle bavardait sur le temps et sur ce que mangeaient les chameaux pour leur petit déjeuner, je voyais Chaplin remuer les oreilles, comme s'il n'en perdait pas une miette.

Au moment de mettre pied à terre, nous n'avions l'air ni très propre ni très malin. Nous avions dû descendre la pente abrupte au su et au vu de tous, accompagnés des stridents « penchez-vous en arrière ! » de Pepe. Entrée remarquée, certes, mais qui manquait quelque peu de dignité...

Au fond de la vallée, le soleil tapait plus fort que jamais. Les parois rocheuses qui nous entouraient renvoyaient des vagues de chaleur, comme d'immenses fours poussiéreux. Personne n'aurait choisi de venir y passer du temps de son propre chef ; même en plein jour, il y régnait une atmosphère étrange, dérangeante. Rien de surprenant à ce que Maya ait préféré le sommet de la falaise.

Un petit groupe de personnes s'était réuni sous un auvent en haut des marches menant au tombeau – pour l'essentiel des hommes en costume, parmi lesquels je repérai Pecky et la frêle silhouette de Lord Carnarvon. Les rares femmes portaient des robes d'été qui voletaient dans la brise chaude. La cérémonie devait être suivie d'une collation et, près de la tente, à l'endroit où nous nous étions cachés cette nuit, une table avait été dressée – nappe d'un blanc impeccable et couverts en argent qui scintillaient dans la chaleur.

– Comme tout cela est civilisé, murmura Mme Mendoza.

– Ah, aujourd'hui, ils ont invité le chef de la police et le gouverneur de la province, approuva Pepe en désignant deux hommes égyptiens.

– Quelqu'un a gravé le blason de Lord Carnarvon, regardez ! s'exclama Tulipe en montrant un rocher qui avait été déplacé près des marches du tombeau.

Cela faisait penser à ces écriteaux qui indiquent le nom d'une maison ou à ces numéros cloués sur les portes d'entrée.

Ce ne fut pas du tout du goût de Pepe.

– Oh, comme vous autres, Anglais, vous aimez vous croire partout chez vous !

Pour mon cerveau embrumé par la chaleur et les émotions, l'événement avait quelque chose d'une farce. Tout ce beau monde s'était rassemblé pour pénétrer pour la première fois dans un tombeau qui, en réalité, avait déjà été visité en secret. Et si tout était très officiel et « comme il faut », ce qui s'était passé cette nuit ne l'était pas du tout.

M. Carter se fraya un chemin jusqu'à Mme Mendoza. Veste boutonnée, cheveux huilés à la raie bien nette, il était à peine reconnaissable. Il lui serra la main et la remercia d'être venue. Il alla jusqu'à se pencher pour ébouriffer les boucles d'Oz, ce qui arracha à ce dernier un petit cri horrifié et fit grimacer Tulipe.

M. Carter, lui, était tout sourire.

– Je suis enchanté que vous ayez pu venir, Madeleine, même si je ne vois sur vous ni carnet ni matériel d'enregistrement…

– Naturellement, répondit-elle, rayonnante. Je suis là à titre d'invité, rien d'autre.

Comme Tulipe, elle savait mentir lorsqu'il le fallait. Pepe aussi, qui lui donna du *salaam* d'un air aimable, malgré l'animosité qu'il pouvait éprouver.

– Comment l'as-tu connu, mama ? demanda Tulipe lorsqu'il se fut éloigné.

– Eh bien, ma chérie...

Elle hésita. C'était bien la première fois que je la voyais rougir.

– Cet idiot a tenté de me courtiser avec une bague si ancienne qu'elle ne pouvait pas venir de chez Tiffany.

– Avait-elle été volée ? demandai-je.

Mme Mendoza ajusta son chapeau.

– Disons que M. Carter se sert sans doute depuis longtemps dans les trésors d'Égypte. Depuis, il redoute que je ne dévoile son petit secret.

Tulipe fit mine de vomir à la pensée de sa mère et de M. Carter ensemble. Je dois reconnaître que c'était un peu dégoûtant.

Mais cette histoire nous rappelait – si besoin était – que M. Carter devait savoir que nous le tenions à l'œil.

Un fonctionnaire tapa bientôt dans ses mains pour attirer notre attention, nous invitant à nous rapprocher pour le début de la cérémonie.

M. Carter fut le premier à prendre la parole :

– Mesdames, messieurs, messieurs les dignitaires.

Il désigna l'entrée du tombeau, dont les portes étaient maintenant grandes ouvertes.

– Je vous souhaite la bienvenue sur ce nouveau site, KV62. *K* pour *King*, *V* pour *Valley*, et c'est le soixante-deuxième tombeau découvert dans la vallée. À présent, je vous invite à me suivre.

Tulipe s'appuya sur mon bras pour descendre les marches.

– Rappelle-toi qui nous a précédés ici, dis-je, pensant à Lysandra et à son frère, qui avaient foulé ce sol tant de siècles avant nous.

Je ne pouvais me défendre d'une certaine excitation.

– Incroyable, n'est-ce pas ? approuva Tulipe. Je repense sans cesse à tout ce que Maya a fait pour son ami.

– C'est à ça que sert un ami, répondis-je avec affection, en lui serrant le bras. Du moins les meilleurs d'entre eux…

Une fois en bas des marches, M. Carter nous guida à travers un étroit passage qui descendait en pente douce. L'air était chaud et vicié. Après le soleil éclatant, il fallait un temps d'adaptation pour s'habituer à la faible lueur de la torche.

La salle n'était pas particulièrement spacieuse – une quinzaine de personnes suffisait à la remplir – mais bien plus grande que la tombe en haut de la falaise. Il y régnait une atmosphère différente, tout était propre et impersonnel, comme un lit dans lequel personne n'a jamais dormi.

Tout le monde s'arrêta soudain, bloqué par une porte.

– Prépare-toi, c'est là que ça devient sérieux ! me glissa Tulipe à l'oreille.

Les quinze personnes se bousculèrent pour mieux voir et nous, qui étions en bout de file, nous hissâmes sur la pointe des pieds. La porte n'était pas particulièrement haute, mais large et recouverte de plâtre et de sceaux qui, d'après M. Carter, prouvaient que c'était une tombe royale. Il poussa d'un revers de main un panier et des roseaux placés devant la porte, révélant un trou rebouché à la va-vite avec du bois et du plâtre.

– Nous ignorons encore si la tombe qui se trouve derrière cette porte est intacte. Comme vous pouvez le voir, des pilleurs l'ont déjà visitée.

Quel culot ! Nous savions qu'il avait percé un trou dans la paroi cette nuit même ! Lord Carnarvon et sa fille, qui ne le savaient que trop bien, le laissèrent pourtant nous entourlouper avec ses mensonges.

– Maintenant, mesdames et messieurs, en présence de nos amis égyptiens, nous allons tenter de pénétrer dans la tombe.

M. Carter fit signe à un ouvrier de se mettre au travail.

Un murmure excité se répandit dans le groupe, tandis que l'homme faisait sauter une à une les planches de bois. Je l'observai avec stupéfaction. Il devait bien voir, lui, que les clous n'avaient rien d'ancien. Que le plâtre était encore humide et le bois fraîchement coupé ! Mais personne n'intervint. L'ouvrier continua de retirer les planches sous le regard impassible de M. Carter, de Lady Evelyn et de Lord Carnarvon.

Nous fûmes ensuite invités à regarder à travers le trou. En bons Anglais que nous étions, nous formâmes sagement une file indienne.

– Laissez les enfants passer en premier, déclara quelqu'un.

Sans comprendre comment, nous nous retrouvâmes au tout début de la file.

– Ce sont les vieilleries d'Aÿ, rappelle-toi, chuchota Tulipe, tandis que M. Carter m'encourageait à approcher.

– Prête, jeune fille ?

Tous les regards convergèrent vers moi, et j'essuyai mes mains moites sur ma jupe.

– Oui.

Un déclic, et la torche s'alluma. Il la braqua dans l'obscurité de la chambre intérieure. Ce que je vis tout d'abord, ce fut une roue, puis un char magnifique reposant sur le flanc. Je me mordis les lèvres sous l'effet de la surprise. Était-ce celui que Kyky avait utilisé pour battre Maya ?

Reconnaître l'un des objets évoqués par Lysandra dans son récit me coupa les jambes. Cette tombe – immense, dorée, qui allait devenir célèbre dans le monde entier – avait été édifiée en l'honneur de ce tout jeune homme qui avait vécu, respiré comme vous et moi, et aimé lancer des grenades.

Lorsque le faisceau de la torche balaya l'espace vers la gauche, je discernai une boîte dorée, une sandale, l'œil d'une statue, les plis d'une tunique. En se déplaçant, il révéla d'autres objets, qui scintillèrent sous la caresse de la lumière. Dans le coin le plus reculé se dressaient deux silhouettes noires, de la taille d'un homme, placées de chaque côté d'une porte qu'elles semblaient garder. J'aperçus vaguement un cercueil, à moins que ce ne fût un corps momifié. Je devinai alors que ce n'était qu'une chambre extérieure, et que la porte ouvrait peut-être sur d'autres salles semblables à celle-ci, remplies de trésors vieux de trois mille ans. Nul doute que c'était là une découverte fabuleuse, qui dépassait certainement les espoirs les plus fous de M. Carter.

– C'est assez, décida-t-il en éteignant brusquement la torche.

Je me frottai les yeux, comme si je sortais d'un rêve. M. Carter faisait déjà signe à Tulipe de prendre ma place, mais je ne bougeai pas.

– Monsieur Carter, qu'allez-vous faire de toutes ces choses ? demandai-je de ma voix la plus polie.

Je n'avais pas les jolies manières de Tulipe, mais M. Carter daigna cependant me répondre :

– Nous allons les emporter, les nettoyer, les enregistrer et les cataloguer, expliqua-t-il. Lord Carnarvon est un collectionneur, le Metropolitan Museum de New York est intéressé.

Il s'interrompit, les sourcils froncés.

– Pourquoi cette question ?

Un silence suivit. Tous les regards étaient rivés sur moi. Les deux fonctionnaires égyptiens, en queue de file, avaient l'air maussade. L'un d'eux détourna le regard avec un agacement évident.

Je me recroquevillai à l'intérieur. Je jetai un regard à Tulipe, puis à Oz, qui examinait ses chaussures. C'est Alex qui articula dans ma direction : « Continue ! »

Je redressai les épaules.

– Mon grand-père était un genre de collectionneur, dis-je. Il est venu en Égypte il y a une vingtaine d'années et, avec un ami, il avait acheté un vase…

– Ravissant, je n'en doute pas, me coupa M. Carter en consultant la montre à son poignet. Vous voulez voir l'intérieur du tombeau, les enfants, oui ou non ? D'autres personnes attendent leur tour, et je dois présider le banquet.

– Absolument, approuva Lady Evelyn. Pressons-nous.

Je ne bougeai toujours pas.

– Monsieur Carter, mon grand-père et son ami ont regretté toute leur vie d'avoir pris ce vase qui ne leur appartenait pas, et qui n'aurait jamais dû quitter sa tombe. Il a provoqué toute une série de malheurs dans leur vie. Son ami est mort, et mon grand-père est maintenant à l'hôpital, très malade.

– Si tu veux parler de la malédiction, ce sont des balivernes, déclara M. Carter d'un ton irrité.

Il me bouscula pour passer, mais il fut arrêté, à sa grande surprise, par Tulipe, Oz et Alex, qui le bloquèrent.

– Mais c'est une conspiration, nom d'une pipe !

– Vous devez nous écouter, dit Tulipe. Il ne faut pas perturber les tombes des morts.

Quelqu'un toussa. Sur ma gauche, j'entendis Lord Carnarvon murmurer :

– D'où diable sort cette fille ?

M. Carter foudroya Tulipe du regard, puis se tourna vers moi.

– Et ton grand-père, sait-il que tu es ici, en train de me donner mal à la tête ?

– Je le lui dirai quand je serai rentrée en Angleterre, rétorquai-je. Il sera fier de moi.

– Mais, en voilà une effrontée !

Je ne cillai pas. M. Carter n'avait que mépris pour les propriétaires des tombes qu'il découvrait. Il avait convaincu les Égyptiens grâce à son ascendant et à ses relations haut placées, mais l'autre facette de sa personnalité, celle de l'ombre, il l'avait soigneusement cachée. En ce sens, on pouvait dire que c'était, lui aussi, un roi-soleil.

– Lorsqu'il est venu en Égypte, mon grand-père vous a rencontré, monsieur Carter, continuai-je d'une voix plus assurée. Il m'a raconté que votre travail consistait à vider des tombes antiques et à faire main basse sur tout ce qui vous faisait envie.

– Jamais de la vie ! s'exclama M. Carter d'un air horrifié.

Je poursuivis :

– Déjà à l'époque, la population locale n'aimait pas votre façon de mener vos affaires. Mais vous avez continué à n'en faire qu'à votre tête. Malheur à quiconque s'opposait à vous !

– Comment oses-tu parler sur ce ton à une grande personne ? s'exclama Lord Carnarvon.

– Mais c'est vrai, insistai-je.

– Ah, oui ? demanda M. Carter en me faisant face. Et comment s'appelle ton grand-père ?

– Ezra Wilkinson, dis-je en le regardant droit dans les yeux. Et son ami était le professeur Selim Hanawati.

Un bref instant, il laissa tomber son masque de colère, puis ses traits se durcirent plus que jamais.

– Inconnu au bataillon ! aboya-t-il.

Il mentait – mal. Mais je l'avais ébranlé, et – ah ! – cela me procurait déjà une satisfaction profonde. Tout comme l'expression de Mme Mendoza, qui n'en perdait pas un mot.

– Avant que vous ne partiez, monsieur Carter, appelai-je, tandis qu'il tentait de pousser Tulipe, sachez que nous vous avons vus, cette nuit, pénétrer dans le tombeau tous les quatre !

Quelqu'un laissa échapper un petit cri. Certains secouèrent la tête, d'autres murmurèrent :

– Ma parole !

Je vis, non sans plaisir, l'un des fonctionnaires égyptiens croiser les bras d'un air satisfait. L'autre lissa sa moustache, puis prit une longue inspiration, comme s'il se préparait à livrer bataille.

M. Carter fit volte-face, furieux.

– Foutaises ! Nous ne sommes pas venus ici cette nuit ! Quelle mère dénaturée laisse ses enfants vagabonder dans le désert en pleine nuit, peut-on savoir ? Voilà qui pourrait intéresser la police !

– Et vous, vous auriez dû être accompagné d'un

fonctionnaire, intervint Oz. Sinon, vous auriez pu voler ce que vous vouliez sans que personne n'en sache jamais rien.

– En effet, c'est la loi, déclara l'Égyptien moustachu. Je suis sûr que M. Carter ne l'ignore pas. À moins qu'il n'ait besoin qu'on lui rappelle qu'il est *notre invité*.

Lord Carnarvon et Lady Evelyn paraissaient à présent fort agités. Et comme il était clair que nous n'étions pas prêts à bouger, ils tentèrent de faire sortir tout le monde.

M. Carter fusilla Oz du regard ; je crus vraiment qu'il allait le gifler.

– Vous avez pris quelque chose, monsieur Carter ? demandai-je. Si c'est le cas, gare à vous. La malédiction n'est pas une plaisanterie, absolument pas.

Il braqua son regard noir sur moi. Puis il rugit à pleins poumons, si fort qu'on dut l'entendre jusqu'à Louxor :

– JE N'ACCEPTERAI PAS D'ÊTRE PRIS EN OTAGE PAR DES ENFANTS !

Je croisai le regard de Tulipe et souris. Nous l'avions eu, et pas qu'un peu.

CINQUIÈME PARTIE

« Partout, l'éclat de l'or. »

Howard Carter, archéologue

22

Le jour suivant, M. Carter décida de « clarifier les choses ». Il proposa à Mme Mendoza et à Alex une interview exclusive, à la condition expresse qu'aucun enfant n'y assiste. En vérité, j'en fus plutôt soulagée, j'en avais soupé de toutes ses histoires. L'interview se tint dans une pièce du Winter Palace réservée pour l'occasion. M. Carter avoua ce qu'il appela « une visite préliminaire » la nuit précédente. Il avait par mégarde glissé un morceau de plâtre dans la poche de sa veste. Mais il l'avait retrouvé, le mal était réparé.

J'imaginai Mme Mendoza et Alex en train de gratter frénétiquement leur carnet de notes. Ils furent ravis de l'article final, qu'ils câblèrent, non pas à M. Pemberton au *Washington Post*, mais à *La Gazette du Caire*. Mme Mendoza avait décidé qu'une histoire égyptienne méritait d'être publiée dans un journal égyptien.

Ni Lord Carnarvon ni Lady Evelyn ne prirent part à l'interview, car ils avaient négocié de leur côté une exclusivité avec le *Times*. D'après Pepe, la vraie raison était que M. Carter et Lord Carnarvon s'étaient disputés sur la meilleure façon de vider le tombeau.

Voyez-vous, personne, pas même M. Carter, n'avait imaginé trouver une telle profusion de trésors. Paradoxalement, le fait que le tombeau de Toutânkhamon ait été bâti à la va-vite, sans le décorum habituellement réservé aux rois, l'avait préservé comme aucun autre n'avait pu l'être – pas même celui de Kyky. M. Carter était persuadé que lorsqu'ils ouvriraient la chambre intérieure, ils trouveraient les restes du jeune pharaon intacts.

Nous nous gardâmes de le détromper.

Inutile de dire que l'article paru dans *La Gazette du Caire* compliqua les affaires de M. Carter. Des voix s'élevèrent pour réclamer une plus grande implication de l'Égypte et M. Carter, aussi têtu que les ânes qu'il montait, ferma le cadenas des portes et décréta que les fouilles ne reprendraient que le printemps suivant. Les choses ne se passaient pas aussi facilement qu'il l'escomptait. Ou, pour reprendre les mots de Pepe, « la malédiction de Toutânkhamon touchait enfin M. Carter ».

Lorsque Mme Mendoza nous annonça qu'il était temps de rentrer en Angleterre, j'éprouvai à la fois de l'excitation et de l'appréhension. Je n'avais aucune nouvelle de grand-papa et j'ignorais ce qui m'attendait à Londres. Il fallut dire adieu à nos amis – à nos trois anciens amis dorénavant réunis dans leur petite tombe au sommet de la falaise, et à nos trois nouveaux amis, Pepe, Charlie et Chaplin, qui m'avaient fait voir de nombreuses choses sous un jour nouveau, chameaux compris. Tulipe pleura comme une madeleine en faisant ses adieux à Chaplin.

– Je t'écrirai, promit-elle.

L'expression de Pepe aurait mérité un dessin.

Le dernier soir, alors que tout le monde était parti se coucher, je restai seule sur le pont. J'étais allongée et j'écoutais le doux clapotis de l'eau contre la coque lorsque j'entendis un froissement au milieu des roseaux qui bordaient la rive. Je me redressai à temps pour voir un chien s'approcher de l'eau. Il était si près qu'il m'aurait suffi de tendre la main pour le toucher.

Je vis alors qu'il ne s'agissait pas d'un chien ordinaire. Il était plus grand et plus silencieux que les chiens galeux qui erraient dans la ville, et ses oreilles se dressaient sur sa tête comme celles d'Anubis sur le vase de Kyky. Je me demandai si ce n'était pas un chacal. Je l'espérai même secrètement. Cela aurait fait sens.

Je restai parfaitement immobile tandis que le chacal commençait à boire. Puis il entendit un bruit au loin, redressa la tête… et m'aperçut en train de l'observer. Pendant le plus bref des instants, nous restâmes les yeux rivés l'un sur l'autre, puis il tourna la queue et disparut.

Six jours et demi plus tard, nous retrouvions l'Angleterre, puis Londres, bien trop vite à mon goût. Dans la banlieue, nous traversâmes des kilomètres de rues aux maisons en construction. Alors que nous approchions de la gare St Pancras, la vue, après Le Caire, nous parut grise, froide et morne. Cependant, des guirlandes de Noël scintillaient gaiement dans toutes les boutiques et une impression de confort se dégageait des fenêtres éclairées et des cheminées fumantes. Très cher Londres, comme je l'aimais ! J'étais heureuse d'être de retour.

Mme Mendoza avait envoyé un télégramme pour annoncer notre arrivée. J'aperçus mes deux parents qui m'attendaient, tassés derrière la barrière, vêtus de leurs plus beaux atours. L'expression de leur visage, quand ils me virent approcher, me tira les larmes des yeux. Je me figeai en découvrant la petite silhouette qui les accompagnait, chaudement emmitouflée pour se protéger du froid. J'aurais reconnu ses yeux bleus pétillants entre mille. Et bien qu'il me parût frêle et pâle, il semblait déjà bien mieux que lorsque je l'avais vu sur son lit d'hôpital.

– Grand-papa !

Je parcourus les derniers mètres en courant, ma valise cognant contre ma jambe. Je me jetai dans ses bras tendus et enfouis mon visage dans son manteau. Il sentait à la fois les antiquités poussiéreuses et Néfertiti.

– Oh, Lily !

Il me serra avec force contre lui, puis m'écarta pour mieux me regarder, avant de me serrer à nouveau. Des mains se posèrent sur mes épaules ; j'entendis maman prononcer mon nom, puis papa se racler la gorge. Nous étions tous émus aux larmes.

Les Mendoza nous rejoignirent près de la barrière, il y eut de nouvelles embrassades et des poignées de main. Dans toute cette agitation, je vis grand-papa se raidir. Il était déjà pâle, mais toute la couleur s'était retirée de son visage. Je paniquai à l'idée qu'il s'évanouisse.

– Tu veux t'asseoir ?

Mais je me trompais : il ne se sentait pas mal, il avait simplement aperçu quelqu'un derrière mon épaule. Je me retournai et découvris Alex, qui paraissait tout aussi surpris.

23

Nous avions mis fin à la malédiction, mais le monde n'avait pas pour autant retrouvé son sens. Je dois avouer que, pendant un court instant, la vie me parut plus obscure que jamais. En revanche, chacun convint qu'il était difficile de s'expliquer de part et d'autre d'une barrière, en pleine gare St Pancras, aussi nous allâmes tous chez grand-papa.

Sans surprise, nous fûmes accueillis par Néfertiti, et dûmes nous frayer un passage à travers un couloir encombré de tapis et de cartons. Mais au lieu de nous faire entrer au magasin, grand-papa nous guida jusqu'au petit salon. Je savais qu'il ne l'avait pas utilisé depuis la fin de la guerre, en 1918, donc je devinai qu'il avait une annonce vraiment importante à faire – ce qui me donna la chair de poule.

– Je pense qu'il vaut mieux que tout le monde s'assoie, commença-t-il.

Après avoir balayé de la main l'épaisse couche de poussière, nous prîmes place sur les tabourets et les chaises que nous pûmes trouver. Oz, qui s'était pris d'affection pour Néfertiti, s'assit par terre avec elle. Ouvrant un tiroir, grand-papa en sortit une enveloppe remplie de photographies qui arracha un cri à Mme Mendoza.

– C'est mon écriture ! s'écria-t-elle avec inquiétude.

Grand-papa posa la main sur sa poitrine.

– Je suis Ezra Wilkinson, expliqua-t-il. Depuis des années, vous m'envoyez des photographies de mon petit-fils.

Elle en resta bouche bée.

– Et vous êtes Mme Fulbright, ajouta-t-il.

Elle acquiesça, soucieuse.

– C'était le nom de mon premier mari, en effet.

– Est-ce que tu suis, Lil ? me chuchota Tulipe.

Je déglutis.

– Je crois.

Qui eût cru que nos histoires de famille fussent si compliquées – et si *entremêlées*.

Maman avait dû deviner de quoi il retournait, car elle avait sorti son mouchoir, dont elle se tamponnait les yeux.

Grand-papa étala les photographies sur le sol pour nous les montrer. Il y en avait seize – une par an –, chacune représentant un garçon blond qui grandissait d'année en année. La première montrait un bébé en chaussons tricotés, la deuxième un petit garçon sur une balançoire. Sur la moitié des photographies au moins, il tenait une coupe ou un certificat. La dernière montrait un jeune homme en uniforme militaire : Alex.

C'était ridicule. Absurde. Impossible.

Pourtant, lorsque je me tournai vers maman, je vis qu'elle était secouée de sanglots.

– Pendant toutes ces années, tu es resté en contact et tu ne m'en as rien dit ? s'écria-t-elle en fixant grand-papa.

– Ma chérie, j'ai fait ce que je pensais être le mieux, répondit-il, bien qu'il n'en eût plus l'air très sûr.

Papa embrassa maman sur la tête et lui chuchota que tout allait bien se passer. Alex – Alex, le frère de *Tulipe* – paraissait le plus perdu de tous.

– Eh bien, dit-il en fourrageant dans sa tignasse. Pour une surprise...

– Mais tu m'avais dit que ton bébé s'appelait Ezra, dis-je à maman.

– Oui, Lil, répondit Mme Mendoza à sa place. Il s'appelle toujours Ezra. Mais nous l'appelons par son deuxième prénom... Ne me demande pas pourquoi, il en a toujours été ainsi.

La tête me tournait. Depuis que maman m'avait révélé son secret, j'avais essayé d'imaginer où se trouvait mon frère et, depuis un peu plus d'une semaine, il était là, juste sous mon nez. C'était trop étrange pour être vrai. Mais, tout bien réfléchi, était-ce plus étrange que la malédiction d'un pharaon, ou encore un cœur vieux de trois mille ans conservé dans un vase ?

– Ezra Alexander, commençai-je, incapable de trouver son nom de famille. Ça, alors !... enfin... je ne sais pas comment dire, mais... cela ne t'ennuie pas d'être mon frère ?

Alex gonfla ses joues et secoua la tête, puis sourit.

– En fait, Lil, ça fait longtemps que je voulais te remercier pour ce verre de citronnade. Tu as été pleine d'attention pour moi, alors que tu ne me connaissais même pas. Je n'aurais pas pu rêver d'une meilleure sœur !

Tulipe sourit.

– Je vais faire comme si je n'avais rien entendu...

Un peu plus tard, elle me dit que j'étais devenue d'une drôle de couleur grise ; j'imagine que c'était l'effet du choc. Et j'étais heureuse, vraiment, *vraiment* heureuse, même si, un bonheur si immense, il faut un peu de temps pour s'y habituer.

Mais je finis par m'y faire. Notre petite famille me semblait à présent plus grande et plus forte, non seulement grâce à Alex, mais aussi grâce aux Mendoza.

Et plus j'apprenais à connaître Alex, mieux j'arrivais à comprendre papa. S'il était évident qu'il avait éprouvé une grande joie à retrouver son fils, je me rendis compte qu'il m'aimait tout autant. Son insistance pour que je réussisse, ses allusions à l'université… Il voulait que j'aie les mêmes opportunités qu'un garçon.

– Quand les hommes essaient de changer le monde, ils finissent toujours par se battre, me confia-t-il un jour alors que nous préparions à manger, tous les deux. Les filles comme toi et Tulipe, vous représentez l'avenir. Vous, vous vous servirez de votre intelligence pour agir.

Cela avait changé ma façon de voir St Kilda. Sans compter que Tulipe assistait à présent aux cours, et que Millicent Thorpe nous évitait soigneusement, ce qui me laissait penser que Mme Emerson-Jones m'avait finalement écoutée, ce jour où elle m'avait donné des coups de badine. En revanche, rien – et je dis bien rien – n'aurait pu me réconcilier avec cet horrible chapeau en feutre.

Alex était retourné vivre chez les Mendoza, mais il venait tous les dimanches partager notre rôti. Grand-papa venait aussi, et papa n'y trouvait rien à redire. La réapparition d'Alex avait mis fin à leur différend qui, je le devinai, était lié à cette histoire de bébé abandonné. Peut-être que si grand-papa avait été là plutôt qu'en Égypte à l'époque, les choses auraient été différentes. Mais nul ne le saura jamais.

C'était drôle de nous voir tous ensemble, tassés dans notre petite cuisine. Alex, dont j'avais cru qu'il tenait de Mme Mendoza, était en réalité le portrait craché de papa. Ses yeux avaient la même nuance de bleu que ceux de maman et de grand-papa, même si Alex jurait qu'il me ressemblait. Je ne m'étais jamais demandé si j'avais des yeux comme ceci ou des cheveux comme cela, ni même si j'étais à peu près potable, mais je savais malgré tout que ressembler à Alex était loin d'être une mauvaise nouvelle.

Et lorsque mes parents s'asseyaient dans leur fauteuil le soir près du feu, ils n'étaient plus tout à fait les mêmes. Comme si un poids leur avait été enlevé, ou qu'une fenêtre s'était ouverte. Ils avaient l'air plus heureux que jamais.

Ce fut à la table de la cuisine que j'appris les dernières nouvelles d'Égypte.

– Pauvre homme, marmonna maman derrière son journal.

Je crus qu'elle parlait de M. Carter, qui avait encore fait les gros titres lorsqu'on avait découvert un buste de Toutânkhamon caché et empaqueté, comme prêt à être expédié hors du pays. Il suscitait la méfiance, semblait-il, un peu partout.

– Ne t'en fais pas trop pour M. Carter, lui dis-je, tout en terminant ma tartine.

Ces derniers temps, j'avais pris l'habitude de faire un bout de chemin avec Tulipe et je ne voulais pas être en retard.

– Ce n'est pas lui cette fois, ma chérie.

Maman me montra le gros titre : LA MALÉDICTION DU PHARAON S'ABAT SUR CARNARVON.

Dessous suivait l'annonce de la mort de Lord Carnarvon au Caire. Affaibli par ces fouilles longues et éprouvantes, il s'était coupé une piqûre de moustique en se rasant. Le bouton s'était infecté, et il était mort quelques semaines plus tard d'une terrible fièvre. C'était la triste fin de ses grands rêves. Et comme c'était étrange, ce bouton de moustique… exactement comme celui de Kyky dans le récit de Lysandra…

L'article s'étendait longuement sur la malédiction. Toutes sortes de gens – des journalistes, des écrivains, une actrice – avaient prédit la mort de Lord Carnarvon dans les semaines qui l'avaient précédée. Et cela, parce qu'il avait dérangé le repos d'un pharaon.

Pour la plupart des lecteurs, ce n'était sans doute qu'un énième rebondissement de cette histoire assez tragique. Mais je sentis un frisson me parcourir. Grand-papa se serait peut-être rétabli de toute manière, mais je n'aurais jamais voulu courir le risque. Nous avions eu raison de craindre la malédiction.

Un samedi, alors que la vie avait pris son nouveau rythme, je me rendis au British Museum avec Tulipe et Oz. Comme il faisait beau, nous avions décidé de pique-niquer. Oz, curieusement, portait un épais pardessus.

– Il fait tellement froid aujourd'hui, dit-il en se frottant les bras d'une façon théâtrale.

Il ne faisait pas froid du tout. C'était une de ses bizarreries auxquelles j'avais fini par m'habituer. Nous étions censés retrouver Alex, qui avait été embauché par le département de l'Égypte ancienne pour retranscrire les recherches du professeur Hanawati.

Depuis la mort du professeur, le musée avait acquis la plupart de ses archives, dont des notes sur ses découvertes, et nous fûmes ravis d'apprendre que le vase à tête d'Anubis n'était mentionné nulle part.

En attendant la pause déjeuner d'Alex, nous fîmes un tour dans les salles de l'Égypte ancienne. Comme chaque fois, je me sentis tout de suite chez moi. J'étais heureuse que des lieux comme celui-ci existent, pour que nous puissions découvrir ces mondes disparus et ceux qui y vivaient. Les plastrons en or, les pots en argile, les animaux momifiés… chaque objet avait une histoire que nous étions réduits à imaginer. Cela faisait partie du mystère, comme toutes ces choses encore enterrées, que personne ne verrait peut-être jamais. Nous ne devions pas chercher à tout comprendre, à tout savoir, à tout prix.

Nous-mêmes, nous ne connaissions pas tout de nos propres vies. Pourquoi Maya avait-il voulu inonder de lumière la tombe de Kyky ? Pourquoi Pepe avait-il décidé de donner à ses chameaux le nom d'une vedette de cinéma ? Que s'était-il passé dans la tête d'Alex lorsqu'il était parti pour l'Amérique après la guerre, plutôt que de rentrer chez lui ? Et pourquoi le *Washington Post* n'avait-il jamais réclamé à Mme Mendoza le remboursement du voyage à Louxor ?

Comme disait grand-papa, mieux vaut, parfois, ne pas chercher à comprendre.

M. Carter, visiblement, ne partageait pas ce point de vue. Dans la Vallée des Rois, il avait entrepris de vider la tombe de Toutânkhamon. Mais après la mort de Lord Carnarvon, ses relations avec les Égyptiens, déjà tendues, s'étaient encore dégradées. À moins que ce ne soit l'effet de la malédiction…

L'histoire, cependant, continuait à susciter la curiosité la plus vive dans le monde entier. Le *Times*, qui avait obtenu l'exclusivité, publia des photos des trésors en train d'être transportés à la lumière du jour, et en annonça encore de nouveaux à venir. Tout le monde était au courant. Tout le monde ne parlait que de ça. Jamais les salles de l'Égypte ancienne n'avaient été aussi fréquentées.

Si cette histoire m'intriguait toujours autant, j'en avais découvert des aspects moins reluisants, qui lui avaient fait perdre son éclat.

Savoir que Kyky, Lysandra et Maya reposaient à présent en paix, telle était pour moi la véritable histoire, et cela valait tout l'or du monde.

Lorsque Alex apparut enfin, un sandwich à la main, nous décidâmes d'aller à Russell Square, avec l'espoir que la pelouse serait assez sèche pour qu'on puisse s'y asseoir. À nous trois, nous avions un assortiment de sandwichs et de gâteaux si appétissants que même Oz ne put résister à l'envie d'en grignoter un morceau. Et je compris pourquoi il portait un pardessus aussi énorme lorsque je le vis bouger tout seul.

Je m'arrêtai net de manger.

– Sapristi, Oz, tu n'as pas amené le chat, quand même ?

En guise de réponse, Néfertiti pointa sa tête. Nous fîmes semblant d'être choqués, mais nous savions que tous deux étaient devenus quasi inséparables depuis ce jour où grand-papa nous avait fait asseoir dans son petit salon. Oz venait y prendre des cours particuliers – ces deux mordus d'histoire s'entendaient comme larrons en foire.

– Ton grand-père n'avait rien contre, se défendit Oz. Et Néfertiti, encore moins !

Le pique-nique fut vite avalé, mais nous avions devant nous un long après-midi, chaud et paisible. Alex fut le premier à rassembler ses affaires.

– L'heure de la pause est passée. Je ferais mieux d'y aller.

– Reste encore cinq minutes ! plaidai-je.

– Oui, renchérit Tulipe. Il fait trop beau pour rester enfermé à l'intérieur.

Oz approuva. Néfertiti miaula.

Alex sourit.

– Entendu. Cinq minutes, alors.

Il avait fallu un voyage plein de péripéties et de poussière pour aboutir à cet instant. Encore maintenant, il m'arrivait de devoir me pincer pour y croire. Si les Égyptiens avaient raison, et que cette vie était une préparation à la prochaine, je n'y voyais pas d'inconvénient. Mon cœur était en paix.

Nous restâmes assis quelques minutes de plus, ensemble – amis, frères, sœurs, et un chat siamois –, le visage offert au soleil.

Notes de l'auteure

Le nom de Toutânkhamon est si célèbre qu'il est difficile de lui rendre justice. Des milliers de pages ont été écrites sur lui, sur sa personnalité, sur son destin. Au moment même où j'écris ce texte, on évoque l'existence, dans son tombeau, de chambres secrètes jamais découvertes. Son histoire continue à fasciner encore aujourd'hui.

En tant qu'auteure de romans historiques, je me dois de préciser que seuls certains éléments de cette histoire sont réels. Le tombeau de Toutânkhamon a bien été découvert par Howard Carter à la fin de novembre 1922. Lord Carnarvon, le commanditaire des fouilles, avait décidé de financer une dernière tentative, mais il mourut au mois d'avril suivant la découverte, alors que le tombeau n'avait pas encore révélé l'essentiel de ses trésors. Sa mort alimenta la rumeur d'une malédiction, ce qui rendit l'histoire de Toutânkhamon encore plus mystérieuse et fascinante.

La découverte du tombeau intervint à une période particulièrement sensible : l'Égypte était devenue indépendante au début de 1922, et les archéologues anglais et américains se bousculèrent pour se disputer ses trésors. Howard Carter, un homme intelligent, têtu et déterminé, était connu pour son caractère difficile. Ses relations avec les autorités égyptiennes, pour le moins tendues, se dégradèrent encore après la mort de Lord Carnarvon.

On trouve toutes sortes de versions de l'histoire de Toutânkhamon. Au fil des ans, on retira les bandelettes de sa momie, on la passa aux rayons X et au scanner. Les causes de sa mort sont toujours débattues. Certains prétendent qu'il est mort des suites d'un accident de char, d'autres qu'il s'agissait d'un assassinat politique. Les examens témoignent d'une fracture du crâne et de la jambe. De façon tout à fait inhabituelle, son cœur avait été retiré. On a aussi découvert que son corps portait des séquelles de la malaria.

C'est là que la fiction prend le relais. D'après ce que j'en sais, le cœur de Toutânkhamon n'a jamais été retrouvé, et il n'existe pas de récit retraçant ses derniers jours de règne. Pour des raisons de rythme, j'ai condensé les événements de novembre 1922.

Mon Howard Carter apparaît comme bravache et peu digne de confiance. Aucun enfant n'a assisté à l'ouverture officielle du tombeau. J'ai estimé la durée du voyage de Londres à Louxor à partir de différents témoignages datant de l'époque.

Ma narratrice, Lil, porte le prénom d'Ella Lily Kaye, dont la mère a remporté les enchères caritatives Authors for Grenfell l'année dernière, garantissant à sa fille le droit d'apparaître dans l'un de mes romans. J'espère que ma Lil sera à la hauteur des attentes de son inspiratrice.

Emma Carroll
Mai 2018

Emma Carroll répond à nos questions

Pourquoi avez-vous choisi d'écrire une histoire sur l'Égypte ancienne ?

J'ai toujours été fascinée par l'égyptologie – les rites, la religion, la vie quotidienne. Avant que Howard Carter ne découvre son tombeau, en 1922, Toutânkhamon était considéré comme un pharaon assez mineur. Mais le monde se remettait péniblement de la Première Guerre mondiale et l'histoire de Toutânkhamon, qui apportait de la légèreté et du mystère, frappa l'imagination du public comme jamais auparavant. C'est cela – pourquoi le public s'est passionné pour la découverte d'un homme mort depuis si longtemps – qui m'a intriguée plus que tout.

Quel genre de recherches avez-vous faites ?

J'ai lu des livres sur Howard Carter, regardé des documentaires, écumé les sites Internet. En 1994, après avoir fini la fac, j'avais sillonné l'Égypte sac au dos. Certains des détails du livre viennent directement de mes propres expériences de voyage. J'ai fait assez de recherches pour créer – je l'espère – un univers crédible, à travers des détails comme les vêtements, la nourriture, les conditions de vie, les aspirations, les mentalités. Cependant, l'intrigue me vient toujours en premier.

Vous avez été surnommée « la reine du roman historique ». Qu'est-ce qui vous attire dans ce genre ?

Je lis énormément de romans historiques, ce qui influence forcément mon écriture. Ce que j'aime, c'est recréer tout un monde, avec ses coutumes un peu étonnantes, ses proverbes, son organisation sociale qui nous paraît à la fois familière et étrange, ce qui en fait un genre très riche. J'imagine que c'est assez proche de l'écriture de la fantasy, mais avec plus de corsets et de bougies.

De qui ou de quoi vous êtes-vous inspirée pour créer le personnage de Lil ?

Lil a reçu son prénom d'Ella Lily Kaye, dont la mère a gagné aux enchères caritatives Authors for Grenfell le droit de voir le prénom de sa fille dans l'un de mes romans. Le personnage lui-même est né de mon imagination. Lil est très représentative de son époque – par certains côtés, elle est attachée au passé et au monde qu'elle connaît mais, par d'autres, elle meurt d'envie de relever les défis qui se présentent à elle.

Comment avez-vous choisi le titre du roman ? En général, partez-vous du titre ou vous vient-il au fil de l'écriture ?
Au départ, le roman s'intitulait *Le Garçon perdu*, titre qui m'est venu naturellement au tout début de l'écriture, comme c'est souvent le cas. Mais j'ai découvert qu'il existait déjà d'autres livres qui portaient ce titre, et je l'ai changé.

L'histoire comporte un message féministe. Était-ce une dimension importante de l'époque ?
Très. La Première Guerre mondiale a permis aux femmes d'endosser des rôles d'hommes, assumant leur travail, gérant la maison, l'argent, etc. Lorsque la guerre prit fin, les femmes avaient prouvé qu'elles étaient aussi capables que les hommes. En 1918, les femmes âgées de plus de trente ans et propriétaires reçurent le droit de vote. C'était un premier pas dans la bonne direction, même si cela ne concernait alors que quarante pour cent des femmes. Si vous étiez

jeune et pauvre, comme Lil ou sa mère, votre voix n'était pas prise en compte.

Pourriez-vous résumer les thèmes principaux de votre roman, et expliquer comment vous les avez choisis ?

Guérir, découvrir des secrets, réparer les erreurs du passé, nouer des amitiés, s'intégrer, avoir le courage de nager à contre-courant. Je n'ai pas « choisi » consciemment ces thèmes. Ils se sont imposés au fur et à mesure des différentes versions.

Remerciements

Sans le soutien, les relances et les encouragements de la formidable équipe de Faber's Children, cette histoire traînerait encore dans mon ordinateur portable, à moitié finie. Un merci particulier à mon éditrice, Alice Swan, qui sait quand il faut insister, et quand m'écouter. Une mention spéciale à mon attachée de presse, Hannah Love, à Sarah Lough pour ses idées marketing très inventives, et à Natasha Brown, véritable pilier, cheffe de projet éditorial.

Faber est un vivier de gens talentueux – Emma Eldridge au graphisme, Lizzie Bishop aux droits, Kellie, Mel, Sam, John et l'équipe des ventes. Julian De Narvaez se surpasse à chaque nouvelle couverture. Je mesure ma chance de travailler avec vous tous.

J'éprouve également une profonde reconnaissance envers les libraires et les bibliothécaires, qui savent si bien conseiller leurs lecteurs. Aux blogueurs, journalistes, critiques, qui souvent tenez le sort d'un livre entre vos mains : merci.

Un immense merci à la communauté éducative qui s'est lancée dans la lecture de ce livre avec un véritable enthousiasme. Vos établissements devraient être fiers de vous ! Ce fut un vrai plaisir de communiquer avec vous via Twitter – passez le bonjour à vos élèves !

À Maz, Liran, Maya, Perdita, Abi, Ross, Robin, Peter, James, et à tant d'autres collègues écrivains. Nous veillons les uns sur les autres, et c'est précieux.

À vous lecteurs qui m'avez envoyé des lettres, des mails ou qui vous êtes déplacés dans les salons et les festivals ; vous rencontrer est l'un des meilleurs moments de la vie d'un auteur.

Enfin, à mes proches. Pour les coups de téléphone que j'ai oublié de passer, pour les maux de tête, pour les balbutiements des débuts, pour ma mauvaise humeur et pour vous demander si souvent de garder mes chiens pendant mes déplacements, toutes mes excuses. Plus que tout, à mon mari qui, à chaque nouveau livre, retraverse avec moi tout le processus. Du fond du cœur, un gargantuesque merci.

L’auteure

Après des études littéraires, **Emma Carroll** a voyagé aux États-Unis et en Australie avant de devenir enseignante. Passionnée d’histoire, elle se consacre à l’écriture et est aujourd’hui l’auteur le plus vendu dans le genre du roman historique jeunesse dans sa Grande-Bretagne natale. Ses livres sont très appréciés par les jeunes lecteurs comme par les professeurs. *Les Secrets de Toutânkhamon* est son huitième roman, le premier traduit en français.

Pour en savoir plus :
https://emmacarrollauthor.wordpress.com/

Découvrez
d'autres récits historiques

LES SORTILÈGES DU NIL

1. LE TRÉSOR D'HOR HOTEP

Katia Sabet

Rami, onze ans, habite un petit village égyptien au pied de la pyramide de Sakkara. Son plaisir est de vagabonder dans les rues ou à travers les collines. Au hasard des rencontres, il se lie d'amitié avec le directeur d'un chantier de fouilles archéologiques et surtout avec Ringo, son chien. L'homme lui fait découvrir les merveilles de son métier, lui apprend que le désert recèle des trésors inestimables. Un jour, il disparaît sans laisser de trace. Rami ne retrouve que son chien. Ensemble, ils partent à sa recherche et se lancent à la poursuite de dangereux trafiquants.

MYSTÈRE DANS LA VALLÉE DES ROIS

Bernard Barokas

La reine Hatshepsout est une des figures les plus extraordinaires de l'Égypte ancienne, plus riche, plus puissante que Cléopâtre elle-même ! Et voilà qu'un savant, le professeur Mancuso, prétend être sur la trace de son fabuleux trésor. Romain Caire, journaliste à *Paris-France*, est envoyé sur les lieux en grand secret. « Un reportage pour apprenti journaliste », se dit Romain qui ne croit pas à l'importance de sa mission. Mais lorsqu'il découvre la Vallée des Rois, ses temples, ses palais, et qu'il se trouve mêlé à d'étranges événements, Romain sent passer sur lui le souffle de l'aventure et du mystère…

Le papier de cet ouvrage est composé de fibres naturelles, renouvelables, recyclables et fabriquées à partir de bois provenant de forêts gérées durablement.

Mise en pages : Maryline Gatepaille

Loi n° 49-956 du 16 juillet 1949
sur les publications destinées à la jeunesse
ISBN : 978-2-07-512978-7
Numéro d'édition : 354226
Dépôt légal : janvier 2020

Imprimé en Italie par Grafica Veneta